PARIS
INATTENDU

BASTIEN & MAÏLYS DE SEZE

PARIS INATTENDU

100 LIEUX SECRETS ET ENCHANTEURS

PARIGRAMME

À toutes celles et ceux qui nous ont aidés à écrire ce guide en nous livrant leurs meilleures adresses et en nous accompagnant dans nos repérages : Aleksandra, Bruno, Charlotte, Claire, Des, Estelle, Farid, Fred, Gab, Hélène, Hugues, Jean-Hugues, Père Jean-Marie D., Jean-Marie N.-B., Marie, Marine, Mathieu, Pascal, Paul, Pierre-Yves, Salnem, Spepos et Stef. Merci d'avoir accepté de marcher des kilomètres sous la pluie, de nous avoir prêté l'arrière de vos scooters, de vous être rendus rive gauche (ou rive droite selon les cas), de ne pas nous avoir laissés boire et chanter tout seuls.

Un merci tout spécial à Aimery, notre touriste en chef et cobaye préféré, qui a accepté pour l'occasion de se faire tailler les sourcils par un inconnu et d'enchaîner trois dîners dans la même soirée – sans sourciller.

Enfin, nous remercions du fond du cœur François et Mathilde, de Parigramme, pour leur confiance renouvelée, leur disponibilité, leur gentillesse et leur écoute.

N'hésitez pas à nous écrire : **parigramme@parigramme.fr**

Sommaire

Introduction

Même si l'on a toujours vécu à Paris, il faut avouer que l'habitude nous incite à fréquenter souvent les mêmes lieux et les mêmes quartiers. Quel dommage de se limiter ainsi, dans l'une des villes les plus surprenantes au monde !

Nous nous sommes lancés dans l'aventure de ce guide pour faire ressurgir dans vos yeux les paillettes qui font habituellement scintiller ceux des touristes, pour vous permettre d'éprouver à nouveau les frissons des premières fois, de casser la routine et de réenchanter votre quotidien !

Nous vous présentons ici plus de cent lieux surprenants, singuliers ou étonnants, uniques en leur genre. Qu'ils soient confidentiels, méconnus ou simplement incontournables, ils demeurent tous, chacun à leur façon, enchanteurs.

Vous y découvrirez des établissements qui ne vivent que grâce à la passion et à la personnalité de leurs patrons, de véritables petits coins de campagne en pleine capitale, des pépites authentiques aux accents exotiques, des lieux pleins de poésie, des décors féeriques bien cachés, des ambiances qui font traverser le temps...

Vous croiserez, au passage, d'extraordinaires collections, d'incroyables pages de l'histoire et des personnages hauts en couleur, jamais avares d'anecdotes croustillantes.

Vous apprendrez qu'à Paris, les meilleurs bars d'altitude sont parfois les moins chers, qu'on peut privatiser la piscine secrète d'un hôtel, déjeuner chez l'habitant, établir son bureau dans une église cosy ou encore entrer en apesanteur dans un bassin aussi salé que la mer Morte. Vous saurez enfin où aller pour dîner devant un bon feu de cheminée, vous offrir un rituel de beauté réalisé dans les mêmes règles de l'art qu'au Maroc ou en Chine, boire un café en écoutant piailler les oiseaux ou combattre le cafard du dimanche soir en chantant avec des inconnus.

Explorez, soyez curieux, vous voyagerez… et serez enchantés !

1

Restos uniques

Avez-vous déjà fracassé un crabe à coups de marteau ? Mangé un magret rôti dans la cheminée d'une auberge ? Soupé dans une maison médiévale ? Participé à un dîner chantant ? En vacances, sans doute ; à la campagne, peut-être ; à Paris, c'est moins sûr. Alors suivez le guide !

Robert et Louise

64, rue Vieille-du-Temple, 3e • M° Saint-Paul, Hôtel-de-Ville ou Rambuteau
Tél. 01 42 78 55 89

Ouvert lundi, mardi, jeudi et vendredi de 18h à 23h, samedi de midi à 15h et de 18h à 23h, dimanche de midi à 23h • Plats de 18 € à 28 €

robertetlouise.com

CUISINE AU FEU DE BOIS • Dans une petite auberge rustique aux airs de maison de l'ogre du *Petit Poucet* flotte un doux fumet de feu de bois et de viande grillée... Qu'est-ce qu'il fait bon vivre chez Robert et Louise ! Depuis 1958, année durant laquelle Robert a ouvert ce restaurant en plein cœur du Marais (repris aujourd'hui par sa fille), habitués et touristes s'y tapent la cloche dans une ambiance joviale, au milieu des poutres, murs de pierre, pots d'étain et casseroles en cuivre suspendus, et des nappes à carreaux rouges et blanches. Assis autour d'une table stratégiquement située devant la cheminée qui crépite, on observe son futur dîner rôtir sur la braise... et on se régale d'une côte de bœuf à partager, d'une andouillette ou d'un magret au miel, accompagnés de pommes de terre persillées. Un cruchon de rouge pour faire passer le tout : voilà la recette pour réchauffer un hiver comme il faut !

Au Vieux Paris d'Arcole

24, rue Chanoinesse, 4e • M° Cité • Tél. 01 40 51 78 52

Ouvert du mardi au vendredi de 12h15 à 14h15 et de 18h à 21h30, samedi de 18h30 à 21h30, dimanche de 12h15 à 13h30 et de 18h à 21h30
Entrée ou dessert + plat 20 € le midi, 30 € le soir

restaurantauvieuxparis.fr

MAISON DE CONTE DE FÉES • Une demeure datant de 1512 et une façade tellement féerique que l'on doit se frotter les yeux en passant devant : voici l'une des adresses les plus enchanteresses de Paris ! Elle se révèle au coin des pittoresques rues Chanoinesse et de la Colombe, au beau milieu du vieux Paris, blottie juste derrière Notre-Dame. Une fois l'antique devanture bleu-vert ornée de lettres d'or et croulant sous une glycine photogénique, la plupart des badauds continuent leur route. Or, la magie se poursuit dans un intérieur biscornu qui vous entraîne au Moyen Âge, entre vieilles pierres, tentures rouges et trésors historiques – bancs d'églises, armures... Un vieil escalier complète ce décor hors du temps, donnant accès à la cave, une pièce secrète que Georges et Odette, les propriétaires, se feront un plaisir de vous faire visiter. Avec d'excellentes spécialités aveyronnaises à des prix tout à fait raisonnables, on est très loin de l'attrape-touriste !

Le Coupe-Chou

11, rue de Lanneau, 5e • M° Maubert-Mutualité • Tél. 01 46 33 68 69

Ouvert tous les jours de 19h à 22h30
Entrées de 13 € à 19,50 €, plats de 22 € à 30 €, desserts 10 €

lecoupechou.com

DÎNER AU COIN D'UNE CHEMINÉE D'ÉPOQUE • Le charme du Quartier latin, ses touches médiévales, ses vestiges gallo-romains : ce magnifique restaurant est un véritable concentré de l'âme parisienne. En contrebas d'une ancestrale porte miniature, on découvre une cave unique formée de la réunion de quatre maisons datant des XIVe, XVIe et XVIIe siècles, toutes parées de majestueuses cheminées. Tandis qu'on passe de l'une à l'autre, on navigue de siècle en siècle en gravissant quelques marches ou en traversant d'étroits couloirs, dans un décor constitué d'authentiques tomettes, de pierres et de poutres d'époque et d'antiquités patiemment chinées. Comme dans une demeure bourgeoise du Paris d'Alexandre Dumas, on y dîne aux chandelles, près de l'âtre crépitant, d'une cuisine française traditionnelle et bistronomique très réussie.

Le Comptoir Japonais

3, rue Ternaux, 11e • M° Oberkampf, Filles-du-Calvaire ou Parmentier
Tél. 06 10 24 06 53

Ouvert du lundi au vendredi de midi à 15h (fermetures temporaires régulières : réservation obligatoire par téléphone) • Menu 15 €

Facebook : @LeComptoirJaponais

UN JAP' DANS UN SALON • À côté des adresses conceptuelles du 11e, Le Comptoir Japonais est de ces lieux précieux qui passeront la saison sans perdre de saveur. Côté contenant, c'est une cuisine ouverte sur la rue qui ressemble à un *takeaway*, mais dissimule en réalité un appartement privé aux airs d'atelier d'artiste jouant les tables d'hôte. Côté contenu, c'est une profusion de produits du monde servis dans des bentos à la mode japonaise, mais venant autant de Kyoto que du Portugal, du Maroc que des fermes franciliennes. Côté toque enfin, c'est Hiroko, sémillante et virevoltante, qui fait chanter les fourneaux, écrit ses menus-partitions au gré des saisons, mélange mets et couleurs avec inspiration et reçoit, chez elle, les heureux hôtes de ces midis enchanteurs. Au coin de la cheminée, sous les tableaux, près du piano, la dégustation est aussi parfumée dans l'assiette que par l'inattendu de l'expérience.

Auberge Pyrénées Cévennes

106, rue de la Folie-Méricourt, 11e • M° République • Tél. 01 43 57 33 78

Ouvert lundi de 19h à 22h30, du mardi au vendredi de midi à 13h45 et de 19h à 22h30, samedi de 19h à 22h30 • Menu entrée-plat-dessert midi et soir 38 €, formule déjeuner entrée-plat ou plat-dessert 29 €

auberge-pyrenees-cevennes.fr

L'AUBERGE D'OSS 117 • En entrant dans cette institution centenaire, la tentation est forte d'aborder l'aubergiste en lui demandant à brûle-pourpoint comment est sa blanquette, comme le fit dans ces mêmes lieux Jean Dujardin, alias OSS 117, dans *Le Caire, nid d'espions*. En effet, on ne peut imaginer de meilleur décor pour un film se déroulant dans les années cinquante que cette auberge rustique qui semble avoir accueilli le président Coty la veille au soir, avec son décor fait de poutres, de papier peint fleuri, de cruches et trophées de chasse, et son ambiance conviviale. Difficile également de résister à l'attrait du “ramequin de harengs pomme à l'huile”, mais il ne faudrait pas oublier de tester le cassoulet, spécialité historique de la maison, servi dans une énorme casserole en cuivre, à la limite du décadent avec son combo confit-jarret-saucisse-couenne. Un pot de Brouilly pour faire glisser le tout, quelques pruneaux à l'armagnac en épilogue... J'ai bien mangé, j'ai bien bu, merci petit Jésus !

Au Comptoir Nippon Teppanyaki

3, avenue du Maine, 15e • M° Montparnasse-Bienvenüe ou Falguière
Tél. 01 45 48 28 98

Ouvert du lundi soir au samedi de 11h45 à 15h et de 19h à 23h
Menu *teppanyaki* à partir de 39 €

comptoirnippon.com

BALLET DE POIVRIERS • Le *teppanyaki*, technique culinaire japonaise signifiant "grillé sur une plaque en fer", est un régal pour les papilles comme pour les pupilles. Placés autour d'un comptoir en U au centre duquel trône la fameuse plaque chauffante, les convives, protégés d'éventuelles envolées un peu trop enthousiastes par des tabliers, sont au spectacle. Le chef, armé d'un "holster" de cow-boy portant son couteau, s'attaque avec agilité aux poissons, crustacés et viandes de toutes sortes : les spatules jonglent, les poivrières jouent des maracas, les flammes dansent, les hachoirs s'abattent avec précision pour guillotiner les crevettes, et sur la plaque, ça gigote, ça se déhanche, et hop ! ça surgit dans les assiettes (ou directement dans le gosier) en moins de temps qu'il n'en faut pour le dire. On croirait vivre la scène mythique de *L'Aile ou la Cuisse* où de Funès, patron du guide gastronomique Duchemin, est au restaurant japonais Kobe (qui récoltera une excellente critique !).

Le Drapeau de la Fidélité – Chez Quân

21, rue Copreaux, 15e • M° Volontaires • Tél. 01 45 66 73 82

Ouvert du lundi au samedi de midi à 22h • Plats 6 €, boissons environ 2 €
Paiement en espèces uniquement

Facebook : @chezquan

LA MAISON DU BONHEUR • Chez Quân est à Paris ce que la "maison bleue" est à San Francisco : une bicoque désarmante de simplicité et débordante de chaleur humaine. Cette cantine arborant la devise "Boire un p'tit coup c'est agréable" fut créée en 1984 par un prof de philo de Saigon arrivé en France comme réfugié politique. Moustaches joyeusement tournicotées et hérissées, ce personnage singulier mit en pratique son idéologie de "capitalisme humanitaire" pendant près de trente-cinq ans dans son lieu de vie. Une philosophie du plaisir de faire plaisir que son fils, ayant récemment repris l'affaire, continue d'entretenir gaiement, ainsi qu'en témoignent les prix aussi figés dans le temps que cette tanière remplie à ras bord de bibelots anciens. Les clients, majoritairement des étudiants du quartier, semblent former une grande famille et n'hésitent pas à débarrasser leur table, tout en guettant l'arrivée tardive du mythique M. Quân, qui, même à la retraite, aime à venir refaire le monde avec les habitués !

La Cave de l'Os à Moelle

181, rue Lourmel, 15e • M° Lourmel • Tél. 01 45 57 27 27

Ouvert du mardi au samedi de midi à 14h et de 19h à 22h (buffet), et de 10h30 à minuit (bar) • Entrée-plat-dessert 39 €, entrée-plat ou plat-dessert 30 €

Facebook : @losamoelleetlacave

BUFFET CAMPAGNARD • Annexe du resto bistronomique d'en face, cette table d'hôtes rustique propose un buffet campagnard d'ogre à à prix doux. Comme à la maison, on se sert dans la vaisselle fleurie un peu ébréchée, on demande les cornichons à ses voisins de tablée, on choisit son vin dans les rayonnages et on débarrasse. En entrée, des raviers de terre cuite débordent devant nous de crudités, salades et autres terrines de boudin aux échalotes. La suite se trouve sur un antique réchaud en fonte où mijotent soupes et plats du jour, des grands classiques du terroir bien réconfortants. La ronde des fromages se cache dans un garde-manger à l'ancienne, et s'accompagne d'une bonne grosse miche de pain de campagne. La farandole de desserts conclut cette valse décadente, avec des spécialités de mamie telles que le riz au lait ou la crème renversée au caramel. Un repaire généreux qui s'apprécie aussi à l'apéro, autour d'un tonneau et d'une douzaine d'huîtres.

Le Crabe Marteau

16, rue des Acacias, 17e • M° Argentine • Tél. 01 44 09 85 59

Ouvert du lundi au samedi de midi à 14h30 et de 19h30 à 22h30
Le "Crabe Marteau" et ses accompagnements 23 €

crabemarteau.fr

IL TAPE SUR DES CRABES ET C'EST NUMÉRO UN • Ça castagne sévère dans la calme rue des Acacias. Plutôt que s'adonner au très tendance et non moins onéreux lancer de haches, certains Parisiens préfèrent joindre l'utile à l'agréable, en se défoulant à grands coups de marteau sur des crustacés. Dans cette enclave bretonne exportée de Brest, on s'amuse à casser soi-même des tourteaux et araignées bien dodus, un bavoir autour du cou et un maillet en main. On peut demander au chef de nous dispenser un petit cours d'ouverture ès crabes, mais quoi qu'il arrive, les pinces risquent fort d'atterrir sur la table d'à côté et d'éclabousser la moitié de la salle – c'est, au demeurant, une entrée en matière plutôt originale si votre voisin(e) vous a tapé dans l'œil ! Escortées de pommes de terre bio, de sauces maison et d'un pain particulièrement savoureux, les bêtes d'un kilo sont servies entières, sur une planche posée sur des exemplaires de *Ouest-France* et du *Télégramme*. La Bretagne, ça vous gagne !

Asuka

145, rue Marcadet, 18e • M° Lamarck-Caulaincourt • Tél. 01 42 55 50 91

Ouvert du lundi au samedi de 19h45 à 21h30
Menu poisson cru 32 € • Réservation conseillée

LE JAPONAIS DES INITIÉS • Cet improbable restaurant ressemble à un haïku : aussi minuscule que la maîtresse des lieux et procurant un sentiment de joie intense. Insoupçonnable derrière ses grilles, il s'agit sans doute de l'adresse la plus confidentielle de ce guide et de celle qui nous a le plus donné le sourire ! Sourire timide dès le coup de fil passé afin de s'assurer que le lieu, dénué de toute cyber-existence, existait bel et bien, et lors duquel un "*moshi moshi !*" particulièrement guilleret nous a rassurés ; sourire curieux à la découverte d'un endroit à part, où un adorable couple de vieux peintres japonais cuisine de délicieuses spécialités de poissons crus dans un charmant bazar sans queue ni tête ; sourire conquis en trouvant une place parmi une poignée de tables et chaises serrées au milieu de la petite pièce ; sourire radieux, enfin, en atteignant la dernière page du menu, ornée d'une photo de Madame dans sa pétillante jeunesse, chevauchant fièrement une rutilante moto pendant son tour d'Europe, chaussée de socques traditionnelles !

QUELQUES DOUCEURS EXOTIQUES À DÉGUSTER DANS DES LIEUX ENCHANTEURS

Ce qu'il y a de bien à Paris, c'est qu'on y trouve pratiquement tout. Même les douceurs goûtées à l'étranger, qui nous ont laissé des souvenirs gustatifs émus, peuvent bien souvent être dénichées dans notre capitale... Voici les adresses où retrouver quelques pépites savoureuses et des lieux enchanteurs à proximité pour les déguster !

UNE *BABKA* À L'OMBRE D'UN POMMIER EN FLEURS

Cette jolie boutique rétro du Marais à la façade en mosaïque bleue mitonne des spécialités yiddish d'Europe de l'Est. Il ne faut pas y manquer sa *babka* polonaise, irrésistible brioche tressée, gourmande et régressive. On la déguste pendant les fêtes juives, en terrasse rue des Rosiers ou dans le verger du jardin Anne-Frank, au pied du marronnier provenant d'un greffon de l'arbre que l'écrivaine voyait depuis sa fenêtre à Amsterdam (14P, impasse Berthaud).

Florence Kahn
24, rue des Écouffes, 4e
Babka 5,20 € la tranche

UNE GLACE LIBANAISE DEVANT UNE MAISON PENCHÉE

Les sœurs Bachir perpétuent un savoir-faire libanais familial de plus de quatre-vingts ans. Leur spécialité : une glace à la fleur de lait, parfumée d'oranger et de mastic, enrobée d'éclats de pistache et de chantilly. On s'en pourlèche les babines square Louise-Michel (place Saint-Pierre) et on en profite pour prendre en photo, depuis le bas du square, la tour de Pise parisienne – la “maison penchée”.

Glace Bachir
7, rue Tardieu, 18e • *Achta* 7,10 €

Square Saint-Gilles-Grand-Veneur

UNE CHEMINÉE DANS UNE ROSERAIE

Venus de Hongrie, les *kürtöskalács* sont réalisés à partir de bandes de pâte saupoudrées de sucre, enroulées autour de broches où elles rôtissent jusqu'à ce que de la vapeur en sorte – devenant de réjouissantes cheminées, croustillantes à l'extérieur et moelleuses à l'intérieur. On les croque parmi les roseraies du square caché Saint-Gilles-Grand-Veneur (9, rue du Grand-Veneur).

Alma, The Chimney Cake Factory
59, boulevard Beaumarchais, 3e
Chimney 4,50 €

UN THÉ À LA MENTHE SUR LE MARCHÉ

Avec leur thé à la menthe agrémenté de pignons XXL, les Benguigui mettent du baume au cœur des clients de leur troquet chaleureux depuis des décennies. On le sirote en terrasse, dans l'effervescence populaire du marché d'Aligre, l'un des moins chers et des plus sympas de Paris (place d'Aligre).

Le Penty
15, rue Emilio-Castelar, 12e
Thé à la menthe 2 €

UN *LASSI* AU MILIEU DES BROCANTES

Dans cette échoppe bangladaise bariolée, on trouve un *lassi* – ce breuvage traditionnel gourmand et rafraîchissant à base de lait bio ou de yaourt – unique, servi salé (aux épices) ou sucré (aux fruits). On s'en délecte en terrasse sur la place arborée au cœur du "village Popincourt", entouré de brocantes aux doux noms d'antan.

Paris-Féni
15 bis, rue Ternaux, 11e • *Lassi* 5-6 €

UN THÉ *CHAÏ* DANS UN SOUK INDIEN

Minuscule comptoir sri-lankais coincé entre une épicerie exotique et un Lycamobile, Nilaas régale tout le quartier indien avec son authentique *chaï*, un breuvage hautement réconfortant à base de thé infusé d'épices *masala* et de lait. Servi sans chichis dans des gobelets, celui-ci s'emporte aisément en balade, par exemple dans le passage couvert Brady, lequel abrite toutes sortes de commerces indiens (ne pas manquer l'épicerie Velan, grand bazar où trouver épices, fleurs séchées comestibles, riz, onguents pour avoir la chevelure de rêve des Indiennes...).

Nilaas
64, rue Louis-Blanc, 10e
Chaï latte 1 €

UN *PASTEL* DANS UN CLOÎTRE

Comme à Porto, cette gargote portugaise de la Butte sert la *ginja*, une liqueur de griottes dans un petit verre en chocolat. Après avoir croqué son shot de bonheur, on emporte quelques *pastéis de nata*, flans enrobés de pâte croustillante, au jardin des Abbesses, éden aux airs de cloître dédié à la culture de plantes médicinales (passage des Abbesses).

Paris-Porto
100, rue des Martyrs, 18e
Pastel 2 €, *ginja* 4 €

UN FRUIT GIVRÉ DANS LE POTAGER D'UN COUVENT

Fruttini propose aux Parisiens le rafraîchissement ultime, le péché mignon des Italiens du Sud : les fruits givrés. Vidés de leur pulpe, citrons, noix, châtaignes, dattes, fruits de la passion et compagnie deviennent de véritables petits bijoux renfermant une glace ou un sorbet réalisé artisanalement à partir de leur chair. Un goût de fruit décuplé, les frissons en prime. À suçoter au jardin Catherine-Labouré, une immense oasis de verdure, autrefois potager d'un couvent, cachée de la rue par un haut mur (29, rue de Babylone, 7e).

Fruttini by MO®
24, rue Saint-Placide, 6e
Fruits individuels à partir de 4,50 €

UNE GAUFRE LIÉGEOISE DANS UN PASSAGE SECRET

Derrière son comptoir, un maître gaufrier embaume le Quartier latin du parfum vanillé de l'une des spécialités les plus régressives qui soient : les gaufres liégeoises. Croustillantes dehors, moelleuses et légères dedans, ornées de sucre perlé caramélisé dehors et délicatement fondu dedans. Et dans leur version la plus coquine, fourrées de bâtons de chocolat belge fondant lentement et recouvertes de chantilly et de spéculoos. Deux options de dégustation selon l'humeur : en terrasse, dans l'animation de la charmante rue Mouffetard ou, quelques numéros plus loin, dans un passage secret plein de verdure et préservé du brouhaha, situé au niveau du 52, rue Mouffetard.

Le Comptoir Belge
112, rue Mouffetard, 5e
Gaufre nature 3 €

Le Vieux Chalet

14 bis, rue Norvins, 18e • M° Abbesses • Tél. 01 46 06 21 44

Ouvert du jeudi au dimanche de midi à 15h et de 17h à 22h30
Menu et carte entre 20 € et 40 €

Facebook : @PauleRobertlevieuxchalet

JARDIN CACHÉ À MONTMARTRE • Niché dans la rue la plus touristique de la butte Montmartre, Le Vieux Chalet est une adresse préservée alliant convivialité et authenticité depuis 1901 ! Un lieu un peu secret aussi, avec son jardin caché qui le démarque clairement de ses voisins. Boiseries, trophées de chasse et nappes vichy pour l'intérieur façon chalet, vaste cour arborée où brillent les lampions pour les nuits d'été, soirées accordéon, cuisine à la bonne franquette et grandes tablées : ici, le titi parisien rencontre la musette des bords de Marne, sous le regard patronal de Paule qui veille sur la maisonnée, et du vénérable Robert qui, depuis sa galerie d'art attenante, n'a d'yeux que pour sa bien-aimée.

Mon Oncle le Vigneron

73, rue Rebeval, 19e • M° Pyrénées • Tél. 01 42 00 43 30

Ouvert du lundi au samedi, table d'hôtes à partir de 20h
Menu unique du soir environ 30-35 € (entrée-plat 23 €, dessert et vin)
Réservation indispensable

TABLE D'HÔTES PLEINE D'ÂME • Sur la commode, une figurine de E.T. observe les clients bien informés venus dîner dans cette table d'hôtes-épicerie-cave à vins posée sur une place tranquille de Belleville. La Japonaise Chika reçoit ici comme chez elle, et pour cause – elle est chez elle ! Dans son salon-cuisine à la déco de bric et de broc, la patronne conserve ses souvenirs avec beaucoup d'amour – et c'est tout ce qui compte. Sur l'une des quatre tables sont étalés les crayons de couleur de Noisette, la fille de la maison, qui les a d'ailleurs utilisés pour écrire les tarifs des bouteilles de champagne. Avec son petit matériel, elle passe maquiller quelques volontaires amusés qui sont en train de déguster la cuisine de sa maman. Un menu unique très généreux, composé la plupart du temps de charcuterie basque, de fromage de chèvre arrosé d'huile d'olive crétoise, d'une grande salade à partager, d'un plat mijoté et d'un dessert gourmand, le tout arrosé de l'une des bouteilles de la cave. On repart ému et comblé, se promettant de revenir bientôt auprès de la famille.

Caché & Amagat

23, villa Riberolle, 20e • M° Alexandre-Dumas • Tél. 06 09 31 61 62

Caché : ouvert du mardi au samedi de 19h à 2h • Assiettes à partir de 9 €

Amagat : ouvert du mercredi au samedi de 19h à 22h30, dimanche de midi à 15h et de 19h à 22h30 • Tortilla 9 €, poisson entier au BBQ 12 €

cache-paris.com • amagatparis.fr

UN LOFT & UNE BODEGA AU FOND DU JARDIN • Rien de tel qu'un jeu de piste pour se mettre en appétit. Planqués dans une ancienne villa ouvrière aux abords du Père-Lachaise, ces deux spots de rêve méritent le voyage. Il faudra d'abord passer la grille en fer forgé, longer les façades taguées d'un studio de danse et tourner à gauche au fond de l'impasse, pour trouver un petit miracle parisien : une bodega abritée dans un chemin pavé envahi par les plantes grimpantes et les loupiotes. On s'y régale de *bomba barceloneta*, tortilla et *pimientos del padron*, à l'heure espagnole et dans un doux fumet de barbecue. Juste derrière se trouve une seconde surprise : une ancienne imprimerie reconvertie en gigantesque loft de style new-yorkais sous verrière. À la fois chic et cosy, glamour et convivial, ce lieu unique à la déco de magazine fait frétiller les papilles avec des assiettes bien troussées d'inspiration méditerranéenne, mais aussi des cocktails signature.

Le Vieux Belleville

12, rue des Envierges, 20e • M° Pyrénées • Tél. 01 44 62 92 66

Ouvert du lundi au vendredi de 11h à 15h et mardi, jeudi, vendredi et samedi de 19h à 2h • Soirées musicales mardi, jeudi, vendredi et samedi
Plats à 12 €, entrées et desserts 6 €

le-vieux-belleville.com

SPECTACLE ENCHANTANT • Que l'on aime le Belleville populaire ou celui des bobos, ce quartier demeure intemporel et bien parigot. Le Vieux Belleville, c'est tout ça, qui traverse le temps : restaurant ouvrier et bar à chansons, cuisine de chez nous, ambiance bon enfant, motifs vichy sur les nappes et esprit communard dans les airs. Car il n'y flotte pas qu'une odeur de steak-frites, il pleut aussi les notes de musique que Riton (le jeudi) fait jaillir de son orgue de Barbarie à coup de manivelle, tandis que tonne sous sa moustache coloniale un répertoire engagé que même les moins de 20 ans ont envie de connaître. Les autres soirs, c'est accordéon, Brassens, bal populaire, Piaf, Gavroche ou musette, et pas qu'à Montmartre : toute la ribambelle du vieux Paris vit toujours au Vieux Belleville.

2

Bars singuliers

Des bars perdus dans la nature, dans les étages, derrière des façades ou dans le temps : voici des adresses d'initiés pour boire des coups en profitant de décors insoupçonnables et fabuleux, et se perdre en translation !

Au Petit Bar

7, rue du Mont-Thabor, 1er • M° Concorde • Tél. 01 42 60 62 09

Ouvert du lundi au samedi de 7h à 20h
Café au comptoir 1,20 €, plat du jour 11,50 € • Pas de CB

RETOUR EN 1966 • Le bijou le plus précieux de la place Vendôme se trouve juste derrière les vitrines des joailliers. Dans une rue tranquille, autour d'un petit bar sans histoires, cet authentique bougnat est le fief de la famille Dalle, arrivée à sa tête en 1966. Depuis cette époque, rien n'a changé d'un doigt de gentiane Salers : ni la déco, ni les plats du jour, ni le casting, toujours composé des parents, Jean et Marie, nonagénaires, et de leurs deux fils, Michel et Hubert, habitant tous les quatre à l'étage. Immuable aussi, l'exemplaire de *La Lozère nouvelle* posé sur la banquette en skaï, rappelant les origines aveyronnaises des patrons. Ici, le téléphone à cadran n'a pas pour fonction d'apporter une touche vintage et la dernière boisson à la mode est la liqueur Clacquesin. Mais écouter Jean, avec son patois et son grand sourire, raconter ses souvenirs de Lozère sous l'œil attendri de son fils, en buvant un café à 1,20 € au comptoir : c'est ça, le vrai luxe.

Bambou

23, rue des Jeûneurs, 2e • M° Bourse, Sentier ou Grands-Boulevards
Tél. 01 40 28 98 30

Bar ouvert du mardi au samedi de 18h30 à 1h30
Cocktails à partir de 13 €, sans alcool à partir de 10 €

bambouparis.fr

DANS LES SALONS DU *LOTUS BLEU* • Bambou est comparable à un mille-feuille de grand chef : racé, subtil et révélant des saveurs inédites à chaque couche. Dans ce resto thaï fashion ayant investi une ancienne fabrique de tissus du Sentier, un escalier de pierre s'ouvre dans la bouche d'un dragon, invitant à s'encanailler dans les bas-fonds. En arrivant devant une porte en bois percée d'une mystérieuse meurtrière, on se demande si l'on n'a pas atterri dans un club échangiste, mais on découvre en réalité des méandres de petits salons feutrés où crépitent des cheminées, pour s'alanguir en tout bien tout honneur sur des méridiennes de velours au milieu des vases Ming et des portraits d'ancêtres asiatiques. Les volutes embrumant ce fumoir parfaitement inodore donnent au moment le parfum d'interdit des salons d'opium du *Lotus Bleu*. La pièce du fond dévoile un billard très cosy et la sortie sur le jardin exotique illuminant la cour pavée de lampions achève de faire perdre la tête !

Café Laurent

Hôtel d'Aubusson • 33, rue Dauphine, 6ᵉ • M° Odéon ou Pont-Neuf
Tél. 01 43 29 43 43

Ouvert tous les jours de 16h30 à minuit • Soirées jazz du lundi au samedi à partir de 21h • Coupe de champagne à partir de 16 €, chocolat chaud 10 €

hoteldaubusson.com/fr/cafe-laurent

CHEZ LES DUCS DE BOURGOGNE • Rares sont les Parisiens qui connaissent le secret de cet hôtel d'Odéon, qui a pourtant pignon sur rue. On entre d'abord dans un bar au look classique, qui fut jadis Le Tabou, centre de la vie nocturne des intellectuels d'après-guerre, où Sartre, Camus et Queneau se réunissaient autour des premiers Coca-Cola, où Vian jouait du jazz et Gréco récitait des poèmes. Mais on aurait tort de s'arrêter là. Derrière cet espace se trouve en effet le Grand Salon, où Rousseau, Voltaire et Montesquieu aimaient à refaire le monde. Une pièce majestueuse datant du siècle de Louis XIV, avec d'énormes poutres au plafond, des tapisseries d'Aubusson et, clou du spectacle, une cheminée monumentale où paresser des heures sur un canapé, tout près d'une grande flambée. Au centre trône une belle cour pavée, chauffée en hiver, à ciel ouvert aux beaux jours. Trait d'union d'un espace à l'autre, les notes du piano-bar et des concerts de jazz ajoutent de la poésie à l'atmosphère. Un lieu rare et hors du temps.

Rooftop Bar de l'Hôtel Dame des Arts

Hôtel Dame des Arts • 4, rue Danton, 6e (9e étage)
M° Saint-Michel ou Odéon • Tél. 01 81 69 00 60

Ouvert tous les jours de 18h à 23h • Cocktails à partir de 16 €, verre de vin à partir de 10 €, soft à partir de 6 € • En arrivant, se rendre à l'accueil pour récupérer le pass permettant de prendre l'ascenseur

damedesarts.com

L'ATTRAPE-CŒUR • Il était une fois un toit-terrasse perché sur un hôtel du quartier Odéon, capable de faire retomber amoureux de sa ville n'importe quel Parisien blasé. Ce qui le rend unique, c'est sa hauteur intermédiaire. Au premier plan, on embrasse le charme suranné des immeubles et hôtels particuliers cossus du quartier. Avec leurs combles biscornus, leurs fenêtres laissant entrevoir poutres apparentes et élégantes bibliothèques, leurs balcons fleuris et leurs cours pavées, ce sont autant de maisons de poupées qui révèlent l'art de vivre à la française. Puis, dans un paillasson de toits à perte de vue, on admire presque tous les monuments parisiens : Notre-Dame, le Louvre, la Conciergerie, la Sainte-Chapelle, Saint-Germain-des-Prés, la Sorbonne et le Panthéon. Plus loin, le regard glisse sur Saint-Sulpice, les Invalides, la tour Eiffel, l'Opéra ou encore le Sacré-Cœur... Assurément, c'est ici que se trouve la plus belle vue de Paris !

Hôtel Providence

90, rue René-Boulanger, 10ᵉ • M° Strasbourg-Saint-Denis • Tél. 01 46 34 34 04

Ouvert tous les jours jusqu'à minuit • Cocktails à partir de 11 €

hotelprovidenceparis.com

CARTE POSTALE PARISIENNE • Pour un café l'après-midi, un cocktail en soirée ou bien pour la nuit, l'hôtel Providence semble tout droit sorti d'une comédie romantique de Woody Allen. Planté sur une placide placette, il cumule tous les clichés : réverbères et moulures *so* Paris sur façade rénovée carton-pâte, jusqu'à l'escalier de secours style new-yorkais de l'immeuble voisin. En journée, la scène se déroule en extérieur sur la grande terrasse pavée abritée du tumulte ou [intérieur-jour-légère bruine], accoudés au beau comptoir. Lumière déclinante, la caméra zoome sur les fauteuils Chesterfield du restaurant, avant que le dialogue se poursuive devant l'âtre crépitant du salon au papier fleuri. Séquence suivante, l'intrigue pourrait nous conduire dans une chambre, dont le bureau accueille un bar à cocktails avec le kit complet pour reproduire les recettes maison. Ce concentré parisien atteint cependant des sommets dans “La Suite”, un appartement mansardé avec vue sur le Sacré-Cœur…

Café A

148, rue du Faubourg-Saint-Martin, 10e • M° Gare-de-l'Est
Tél. 09 81 29 83 38

Ouvert lundi et dimanche de 10h à 17h, du mardi au samedi de 10h à 2h
(fermeture de la terrasse à 23h)

cafea.fr

APÉRO BIEN CLOÎTRÉ • À moins d'avoir un train à prendre, pourquoi diable se donner rendez-vous gare de l'Est si l'on veut boire un verre ? Car, au beau milieu des brasseries déprimantes et de l'agitation des parvis de gare, il existe bel et bien un bijou de terrasse. Elle est là, juste devant nous, mais on ne la voit pas. Elle se cache derrière le vaste mur d'enceinte de l'ancien couvent des Récollets, devenu la Maison de l'Architecture. Été comme hiver, à l'ombre des arbres centenaires et sous les lampions colorés, architectes, étudiants et gens bien informés (de plus en plus nombreux) se retrouvent dans ce petit coin de campagne, autour d'une grande table d'hôtes ou près du puits qui détient les secrets du lieu.

Le Cinquante

50, rue de Lancry, 10e • M° Jacques-Bonsergent

Soirées "Marcello song system" tous les dimanches à 17h

Facebook : @Le-Cinquante • marcellosongsystem.free.fr

SOIRÉE NOSTALGIE • Si vous êtes sujets au cafard du dimanche soir, il existe un endroit que vous devez absolument connaître. Un petit troquet jaune resté coincé dans les *fifties*, situé à quelques pas du canal Saint-Martin et qui pratique un rituel immuable : tous les derniers soirs de la semaine, un mélange de générations s'y réunit pour entonner en chœur et à tue-tête les grands classiques de la chanson. Perché sur un tabouret devant le bar, Marcello distribue au public son cahier de chant et gratte sa guitare. Si on lui crie "27 C !", il entonnera *Siffler sur la colline* de Dassin ; si c'est "34 A", il jouera *Mistral gagnant* de Renaud. Dans tous les cas, le répertoire fera le bonheur des auditeurs de Nostalgie. Impossible de ne pas se prendre au jeu, l'entrain de la foule est terriblement contagieux ! Comme dans un bar de village, ça déborde sur le trottoir, ça rit, ça boit un petit verre, c'est chaleureux, c'est animé – et voilà les affres du dimanche soir chassées.

Le Comptoir Général

84, quai de Jemmapes, 10e • M° République • Tél. 01 44 88 24 48

Ouvert mardi, mercredi, jeudi de 18h à 1h, vendredi de 18h à 2h, samedi de 11h à 2h, dimanche de 11h à 1h • Cocktails à partir de 10 €

lecomptoirgeneral.com

LE REFUGE D'INDIANA JONES • Au bord du canal Saint-Martin, un mur barbouillé de graffitis colorés indique l'impasse à emprunter pour découvrir un lieu totalement insolite. Un long couloir en boiseries orné d'antiques lustres conduit à la réception de ce qui semble être un hôtel cubain abandonné depuis des siècles, avec son éclairage fébrile et ses registres poussiéreux, ambiance tour de la Terreur. Il débouche en fait sur un univers bien plus riant, une immense salle évoquant l'univers de *Pirates des Caraïbes*. Autour d'un impressionnant bar-navire, on se délecte d'un rhum vieux au milieu d'une jungle ravagée par la tempête. Puis on va prendre l'air de l'autre côté de la mer, dans le patio méditerranéen, avec sa fontaine circulaire, ses murs ocre et son bougainvillier. La dernière escale sera californienne, dans une maison de star hollywoodienne des années soixante reconstituée, pourvue d'un bar-aquarium creusé à même la roche. Un vrai parfum d'aventures !

Khayma Rooftop au Generator Paris

9-11, place du Colonel-Fabien, 10e • M° Colonel-Fabien • Tél. 01 70 98 84 00

Brunch buffet le dimanche de 11h30 à 15h, 27 €
Bar ouvert tous les jours de 17h à 22h • Cocktails à partir de 11 €,
demi à partir de 3,50 €

Facebook @KhaymaRooftop

TÊTE-À-TÊTE AVEC LE SACRÉ-CŒUR • Le meilleur plan *rooftop* de Paris n'est pas au sommet d'un palace, mais sur le toit d'une auberge de jeunesse, non loin d'une station Esso. Au 9e étage du Generator, cette magistrale terrasse sans autre plafond que le ciel se trouve nez à nez avec la butte Montmartre. Majoritairement fréquenté par des *backpackers* du monde entier en séjour à l'*hostel*, ce bar polyglotte donne l'impression d'être en vacances toute l'année. Surtout, il est ouvert à tous, mais sur réservation, ce qui évite les files d'attente interminables de la quasi-totalité des *rooftops* parisiens. Quant aux tarifs, ils sont inversement proportionnels au nombre d'étages – ça change... Et quelle vue ! Impossible de ne pas s'émouvoir en contemplant les lucarnes coiffées de leurs ribambelles de cheminées qui révèlent l'intimité des Parisiens au fur et à mesure que tombe le soir. Avant de plonger son regard dans le velours noir de la nuit, auréolé des lumières mystiques du Sacré-Cœur...

Le Social Bar

25, rue Villiot, 12e • M° Gare-de-Lyon ou Bercy • Tél. 06 72 98 69 05

Ouvert du mardi au vendredi de midi à 1h30, samedi de 18h à 1h30, lundi de midi à 14h30 • Planche mixte 15 €, pinte de bière en *happy hour* 5 €
social-bar.org

LE BAR QUI REND HEUREUX • "Je m'baladais sur l'avenue, le cœur ouvert à l'inconnu, J'avais envie de dire bonjour à n'importe qui..." chantent en chœur des dizaines d'inconnus. Des inconnus qui ne le seront plus vraiment après cette soirée accordéon & chanson française du Social Bar, un "laboratoire de convivialité" conçu pour favoriser les rencontres grâce à des défis. Demander à son voisin de jouer le prix de notre bière au dé pour espérer une réduction, se coller dans le dos les réponses aux trois questions du jour, fêter le divorce d'un futur nouvel ami lors des soirées "Fêtons ça quand même !" ou devoir faire un compliment à trois personnes : voici comment on réalise le miracle d'aller seul dans un bar parisien et d'en ressortir avec des potes. "Sociable", c'est sûr, mais aussi "social" : pendant sa campagne de financement, tous les clients pouvaient devenir co-patrons en achetant des parts du bar, et 50 % des bénéfices sont reversés à des associations. Que l'on y vienne pour bosser, participer à des initiatives solidaires ou boire un coup, on est sûr de rencontrer de nouvelles têtes !

Bar-bibliothèque du Saint-James Paris

5, place du Chancelier-Adenauer, 16e • M° Porte-Dauphine
Tél. 01 44 05 81 81

Bar ouvert tous les jours de 19h à minuit, sans réservation
Whisky à partir de 19 €, chocolat chaud 8 €

saint-james-paris.com

LA VIE DE CHÂTEAU • Abrité derrière de hauts marronniers, ce Relais & Châteaux est le seul château-hôtel de Paris. Une demeure néoclassique qui accueillit jadis la Fondation Thiers, regroupant les étudiants les plus brillants de France dans les sciences humaines et sociales. Aujourd'hui, sa bibliothèque aux 12 000 ouvrages est le siège d'un club, ouvert aux non-clients de l'hôtel et aux non-membres avertis qui peuvent profiter de ce somptueux bar classé, en soirée et le dimanche. Calé dans un fauteuil club avec un bon whisky, sous les boiseries du plafond à caissons, et humant l'odeur réconfortante des livres anciens, on a l'impression d'être infiltré dans un vénérable club de *gentlemen* anglais. Aux beaux jours, on profite du jardin, situé à l'emplacement du premier aérodrome de Paris, d'où s'envolaient les montgolfières. Sous la pergola, y boire un verre en écoutant les oiseaux est un enchantement.

Le Bar à Bulles

4 bis, cité Véron, 18e • M° Blanche • Tél. 09 73 23 79 72

Ouvert mardi et mercredi de 18h à minuit, jeudi de 18h à 1h,
vendredi de 18h à 2h, samedi de 11h à 2h et dimanche de 11h à 22h
Demi à partir de 4 €, chocolat chaud 3 €, frites cajun 6 €, brunch 24 €

lamachinedumoulinrouge.com/le-bar-a-bulles

LE JARDIN SECRET DU MOULIN ROUGE • On accède au Bar à Bulles par une issue de secours de la cité Véron, passage au parfum de glycine caché derrière les ailes cramoisies du Moulin Rouge, où vécurent Boris Vian et Jacques Prévert. Après une volée de marches apparaît, comme par magie, une immense terrasse luxuriante aux allures de jardin botanique, perchée sur le toit du cabaret, mais totalement coupée du bruit du boulevard. Côté pile, parasols plantés sous les érables du Japon, cocktails frappés et projection de films sous les étoiles enivrent les étés dans cette oasis urbaine. Côté face, la salle bigarrée et cosy réchauffe les hivers autour d'une riche programmation culturelle et artistique. Sous un florilège de suspensions de lampes en tissus et dentelles, chapeaux melon et hauts-de-forme, on boit des chocolats fumants en s'exerçant à l'art de la céramique ou de la linogravure, bien installé dans un canapé en velours. N'oubliez pas d'immortaliser le moment au photomaton vintage !

Le Très Particulier

Hôtel Particulier Montmartre • 23, avenue Junot, pavillon D, 18e
M° Lamarck-Caulaincourt • Tél. 01 53 41 81 40

Restaurant Grand jardin, bar Très particulier et jardin ouverts tous les jours
Bar de 18h à 2h, souvent animé par des DJ sets du mercredi au samedi
Cocktails en moyenne 18 €, tasse de thé 7 €

hotelparticulier.com

UN COCKTAIL TRÈS PARTICULIER • Trouver ce lieu sur les hauteurs de la butte fait partie intégrante du voyage. Ni numéro ni panonceau, il faut repérer une grille quelque part, avenue Junot, sonner à l'interphone indiquant "Hôtel Particulier", s'engouffrer dans un chemin boisé et identifier le fameux "rocher de la sorcière". Et là, derrière un portail noir perdu dans la verdure, découvrir une demeure bourgeoise ayant appartenu à la famille Hermès, abritant désormais les amours de quelques stars hollywoodiennes dans ses cinq suites. Autour, le plus grand jardin hôtelier de la capitale, une merveille pleine d'arbres, de fleurs, de bougies et de tables en fer forgé, créée par le paysagiste des Tuileries. Au sous-sol, un boudoir glamour à souhait se love sous une verrière. Cet hôtel très particulier offre l'un des cadres les plus exclusifs et romantiques de Paris pour siroter un cocktail en ayant le sentiment d'être un invité privilégié.

Le Pavillon des Canaux

39, quai de la Loire, 19e • M° Laumière • Tél. 01 73 71 82 90

Ouvert du mardi jeudi de 10h à minuit, vendredi et samedi de 10h à 2h, dimanche de 10h à 22h • Brunch samedi, dimanche et jours fériés de 11h à 15h
Golden latte 5 €, citronnade 3,50 €, brunch 24 €, planche mixte 20 €

pavillondescanaux.com

LA MAISON DE L'ÉCLUSIER • L'ancienne demeure de l'éclusier du canal de l'Ourcq est un peu la maison idéale de toutes les blogueuses *lifestyle*. Cet espace hybride, convivial et hautement photogénique, à la fois café et tiers-lieu culturel, stimule à coup sûr la créativité de quiconque en franchit la porte. Chaque pièce apporte son lot de ravissement, entre la chambre vintage et girly, le salon cosy et la salle de bains toute mignonne. Les propositions, nombreuses et toutes alléchantes, font perdre la tête : apéro en tête-à-tête dans la baignoire ? Coupe glacée les pieds dans l'eau ? Cours de dessin autour d'un *latte* ? Concert sous les lampions de la terrasse ? Télétravail sur le lit à baldaquin ? Ou partie de Mölkky sur le quai ? Le choix est cornélien.

Moncœur Belleville

1, rue des Envierges, 20e • M° Pyrénées • Tél. 01 43 66 38 54

Ouvert tous les jours de 10h à 2h (sauf de début novembre à fin janvier, horaires aménagés) • Brunch dimanche midi • Formule déjeuner à partir de 12 €, pinte de bière à partir de 5 €, cocktails à partir de 7 €

moncoeurbelleville.com

TERRASSE D'ALTITUDE • Sur une placette arborée apparaissant par surprise au bout des chemins plutôt raides menant aux hauteurs de Pyrénées, surgit, comme une récompense, un spot aussi inattendu qu'une oasis en plein désert. Étalée sur les pavés, une formidable terrasse surplombe le parc de Belleville, offrant l'une des vues les plus élevées et dégagées sur Paris. C'est un lieu idéal pour paresser au soleil, loin de l'agitation, en profitant d'une vision panoramique sur la ville qui bouillonne à nos pieds. Pour un café-journal le matin, un goûter-jeux de société ou encore un apéro-tapas au coucher du soleil, chaque moment de la journée réserve son lot de petits bonheurs, à prix doux et dans une ambiance bon enfant. Tard dans la nuit, tandis que les verres s'entrechoquent, un concert débute, délicieusement accompagné en toile de fond par les scintillements tout autour...

Place Dauphine

HUIT PLACES DE VILLAGE POUR SE POSER EN TERRASSE

Encore un plaisir que l'on ne doit pas s'offrir qu'en vacances : celui de paresser des heures en terrasse, sur une place de village, en regardant les gens passer. Sélection des places les plus pittoresques où buller au soleil.

PLACE DAUPHINE

La place Dauphine, trésor parisien tapi sur l'île de la Cité, offre l'un des cadres les plus photogéniques de la capitale, bordé de galeries, librairies et petits restos à l'abri des regards et des bruits de la ville. À l'authentique Bar du Caveau, le patron vous prêtera ses boules de pétanque en échange d'un grand sourire, pour aller jouer sur la place.

Le Bar du Caveau
17, place Dauphine, 1er

PLACE D'ALEXANDRIE

Au cœur de la "Petite Égypte", cette partie bouillonnante du Sentier, apparaît un îlot de calme planté d'arbres, entouré d'immeubles haussmanniens. Les soirs d'été, on y trinque au Moscow Mule chez Edgar, une ancienne usine de confection reconvertie en auberge design.

Edgar • 31, rue d'Alexandrie, 2e

PLACE NATHALIE-LEMEL

Face au Carreau du Temple, un triangle formé par trois rues animées du haut Marais cumule les atouts séduction : une fontaine Wallace, une colonne Morris, des arbres et un réverbère antique. Pour profiter de la douceur d'un soir d'été dans une atmosphère toute romaine, on sirote un Campari sur une chaise de couleur vive du resto italien tout simple qui investit la place.

Caffé Soprano
2, rue Dupetit-Thouars, 3e

Place Nathalie-Lemel

Placette Jacqueline-de-Romilly

PLACETTE JACQUELINE-DE-ROMILLY

Sur la montagne Sainte-Geneviève, au pied de Saint-Étienne-du-Mont, cette place réunit plusieurs terrasses autour d'une fontaine. Au printemps, la floraison des cerisiers du Japon offre un cadre enchanteur pour boire un café dans l'un des troquets sans prétention après une balade au marché Monge.

La Méthode et Le Petit Café
2 et 6, rue Descartes, 5e

Les Pipos • 2, rue de l'École-Polytechnique, 5e

SQUARE RESTIF-DE-LA-BRETONNE

Le long des quais, derrière les étals des bouquinistes, se trouve l'une des places les plus romantiques de Paris. Entre bouquinistes, réverbère à l'ancienne et lampions, le cadre semble tout droit sorti de *Minuit à Paris*. Assis à la terrasse d'un troquet corse, on profite de ce merveilleux morceau du vieux Paris avec un petit blanc bien frais.

Le Nul Part Ailleurs
5, rue du Haut-Pavé, 5e

PLACE SAINTE-MARTHE

Au cœur du sympathique quartier Sainte-Marthe, formé de quelques rues étroites truffées de petits commerces, ateliers et gargotes exotiques aux devantures colorées, cette grande place pavée et arborée accueille entre autres terrasses celle de La Sardine, gorgée de soleil l'été, couverte et chauffée l'hiver, idéale pour un apéro-tapas.

La Sardine
32, rue Sainte-Marthe, 10e

PLACE DU CALVAIRE

Juste à côté du Sacré-Cœur, la place du Calvaire est snobée des Parisiens en raison de sa proximité avec la très touristique place du Tertre. Pourtant, que l'on profite d'une vue panoramique sur les plus beaux monuments de Paris ou que l'on soit caché dans un jardin provincial, y jouer les touristes est un pur bonheur, du croissant du matin au rosé du soir.

Chez Plumeau
4, place du Calvaire, 18e

ANGLE DES RUES YVONNE-LE-TAC, DES TROIS-FRÈRES ET TARDIEU

Dans le bas Montmartre, le croisement de trois rues forme une place foisonnant de bonnes adresses pour profiter de l'animation populaire. On prisera ainsi le bistro Le Progrès, une merveille Art nouveau où boire une bière à l'ombre de la basilique.

Le Progrès
7, rue des Trois-Frères, 18e

Place Saint-Marthe

Tea times enchantés

Chez Lewis Carroll, à Katmandou, Téhéran, Venise ou Marrakech, au pied d'une église de village, dans le jardin d'un palace secret, au coin du poêle ou de la cheminée… Voici quelques refuges un peu dingues à connaître pour un goûter qui change de l'ordinaire.

Chez Elie – Brûlerie Saint-Roch

53, rue Saint-Roch, 1er • M° Pyramides • Tél. 01 42 60 03 74

Ouvert du lundi au vendredi de 8h à 18h
Café 1,10 €, formule petit déj' (café/thé/chocolat + viennoiserie + orange pressée) 4 €

Facebook : @ChezElieParis

LE POINÇONNEUR D'OPÉRA • Si cette ancienne brûlerie de café n'en est plus une, il y crépite toujours un feu d'un autre ordre : celui d'Elie, qui transmet depuis vingt ans sa joie de vivre contagieuse aux travailleurs de l'Opéra, lequel n'est pourtant pas le quartier le plus fun de Paris. Du petit déj' à 4 € au petit noir post-cantoche, il y a toujours un monde fou dans cette singulière échoppe rétro tapissée de billets de banque du monde entier, laissés en souvenir par des touristes tombés sous le charme. Du matin au soir, l'ambiance est survoltée et digne d'une kermesse. Elie passe du reggae ou du Umberto Tozzi à fond, diffuse ses annonces au micro et, armé de son fidèle poinçon, fait des trous à tout va dans les cartes de fidélité. Parfois, le soir, c'est karaoké sur le petit écran du fond. Et bien sûr, les cafés et chocolats de toutes sortes, préparés dans la plus pure tradition italienne, sont excellents !

Grand Café Tortoni

45, rue de Saintonge, 3e • M° Saint-Sébastien-Froissart • Tél. 01 42 72 28 92

Ouvert du mardi au samedi de 9h à 19h, dimanche de 11h à 18h
Café minute 1,50 €, grand chocolat chaud 6 €

Facebook : @grandcafetortoniw

CAFFÈ VÉNITIEN • Au XIXe siècle, cocottes, écrivains, dames du monde et financiers aimaient à voir et se faire voir au Grand Café Tortoni, une institution frivole et courue des Grands Boulevards tenue par des glaciers vénitiens. Deux siècles plus tard, un couple de créatifs recrée ce lieu mondain mythique en lui donnant une belle adresse dans le haut Marais. Une reconstitution pleine de grâce et d'élégance, où l'on aime s'asseoir au comptoir de marbre vert pour déguster un chocolat chaud servi avec déférence sur une belle nappe et un plateau d'argent. Garçon de café tout de blanc vêtu, notes poignantes d'un opéra en bande-son, on se croirait presque au Caffè Florian sur la place Saint-Marc. L'été, la maison sert de délicieuses glaces à l'ancienne, comme à l'époque.
À la même adresse, les créateurs de ce lieu ont également donné vie à une officine d'apothicaire du XIXe siècle, l'Officine Universelle Buly (voir page 72).

Le Quincampe

78, rue Quincampoix, 3e • M° Rambuteau, Les-Halles ou Étienne-Marcel
Tél. 01 40 27 01 45

Ouvert du lundi au vendredi de midi à 15h et le soir du mercredi au samedi de 18h30 à 23h • Formule déjeuner 21 € (entrée-plat ou plat-dessert + café ou thé à la menthe) • Carte entre 25 € et 30 €

Facebook : @LeQuincampe

LE REFUGE DE L'HIVER • Cette adresse est une planque, dans tous les sens du terme. Parce qu'elle est camouflée dans l'étroite rue Quincampoix, un coupe-gorge qui nous plonge dans l'univers des *Misérables*. Mais au Quincampe, on est loin de la gargote des Thénardier. Tout en vieilles pierres et en boiseries, ce restaurant est le refuge idéal pour traîner au chaud pendant les hivers rigoureux. Le nid douillet se trouve au fond, dans l'arrière-salle. Des gros fauteuils et des canapés de velours, des petites lampes diffusant une lumière tamisée et, surtout, un bon feu réconfortant qui brûle dans le gros poêle : tous les ingrédients sont réunis pour une hibernation réussie. Une pastilla bien relevée au déjeuner, un thé à la menthe pour le goûter, à chaque heure son péché mignon, histoire de faire durer le plaisir...

Le Pavillon de la Reine

28, place des Vosges, 3e • M° Chemin-Vert ou Bréguet-Sabin
Tél. 01 40 29 19 19

Bar ouvert aux clients extérieurs de 15h à 18h (sous réserve de places)
Expresso 5 €, thé 8 €

pavillon-de-la-reine.com

UN THÉ DE PRINCESSE • En retrait des arcades de la splendide place des Vosges, emmitouflé dans son manteau de lierre, Le Pavillon de la Reine se découvre, bien caché, tel un joyau prestigieux. Avec ses airs de manoir de notable de province, ce discret 5 étoiles niché dans un hôtel particulier XVIIe ouvre par bonheur ses portes aux flâneurs pendant l'après-midi. Par grand froid, on profite de la quiétude feutrée des lieux dans le salon-bibliothèque, réunis pour un *tea time* non loin de la cheminée où ronronne un bon feu de bois. Version été, on préfère s'installer tranquillement dans la cour-jardin pavée, en buvant une coupette parmi les sculptures de buis illuminées d'une multitude de petites lumières semblables à des lucioles.

Bontemps

57, rue de Bretagne, 3e • M° Temple • Tél. 01 42 74 10 68

Ouvert du mercredi au dimanche de 12h à 18h (samedi jusqu'à 18h30)
Le Merveilleux brunch du dimanche : 45 € (services à 11h45 et 13h45)
Expresso : 3,80 € • Thé : 8 € • Plats de 19 à 25 €

bontemps.paris/jardin-secret

DÉJEUNER SUR L'HERBE • Dans une ambiance cottage du Sussex, parties de bridge chez Mamie ou roman de Maupassant, la pâtisserie Bontemps offre une parenthèse surannée et gourmande à toute heure de la journée. Dans le Marais, son salon de thé aux murs rose poudré est la star des après-midis pluvieux avec sa vaisselle champêtre chinée, ses bouquets de fleurs fraîches et ses fauteuils moelleux. Au menu : tartes, cakes et autres gâteaux d'anthologie, le tout sur fond de délicates effluves de chocolat chaud. Quand le soleil est de la partie, c'est dehors que tinte le bruit des couverts sur la porcelaine : le jardin fleuri et sa terrasse ombragée sont la promesse de passer du bon temps au bon vieux temps.

Café Mulot à la Maison Victor Hugo

6, place des Vosges, 4e • M° Bastille ou Saint-Paul • Tél. 01 42 72 10 16

Ouvert du mardi au dimanche de 10h à 18h • Entrée libre au musée
Quiches 9,50 € • Salades 17 € • Pâtisseries de 3 à 7 €

maisonsvictorhugo.paris.fr

RETRAITE TRANQUILLE AU CŒUR DE PARIS • La place des Vosges et ses voûtes majestueuses abritent on le sait la célèbre maison de Victor Hugo. Il ne faut manquer sous aucun prétexte la visite de ses appartements au premier étage, qui déroulent une enfilade de pièces riches de tableaux, parquets, papiers peints, meubles et bibelots amassés par l'écrivain au cours de ses voyages. Au rez-de-chaussée, une petite boutique ouvre sur le Café Mulot, caché des regards dans un joli jardin plein de charme. Une retraite tranquille pour profiter du ciel autour d'une pâtisserie de maître, en lisant quelques pages, avant d'aller voir comment va Notre-Dame.

L'Ébouillanté

6, rue des Barres, 4e • M° Pont-Marie • Tél. 01 42 74 70 52

En été ouvert tous les jours midi à 23h,
en hiver du mardi au dimanche de midi à 21h

Facebook : @Ebouillante

ÉCHAPPÉE MÉDIÉVALE • La rue de Rivoli où se presse la foule, puis une échappatoire qui s'offre avec la rue François-Miron... et tout à coup, une ruelle tordue pleine de maisons à colombages, de lanternes et de fleurs, qui surgit, déroute et entraîne dans le Paris du Moyen Âge. Les pas des religieuses qui résonnent sur les pavés, le son des cloches, les boutiques de produits monacaux... Le temps semble s'être arrêté il y a six siècles dans ce petit village entourant l'église Saint-Gervais. Pour profiter de la magie de cette rue des Barres, prenez place au salon de thé L'Ébouillanté, un ancien atelier de peintre à la devanture de maison de poupées. Aux beaux jours, il déverse ses tables et parasols sur les marches creusées dans les pavés en pente douce. L'île Saint-Louis à l'horizon, on prend le soleil en dégustant une boisson exotique ou un brick tunisien, au son des cloches et des oiseaux. Ne manquez pas une petite visite du ravissant jardin de l'hôtel de Sens tout proche !

Nuage Café

14, rue des Carmes, 5e • M° Maubert-Mutualité • Tél. 09 82 39 80 69

Ouvert du lundi au vendredi de 9h à 19h, samedi et dimanche de 11h à 20h
Tarif visiteur 5 €/h (boissons et comptoir gourmand sucré-salé inclus), location de salle de réunion tout inclus à partir de 7,50 €/h

nuagecafe.fr

UN BUREAU AU TOP • À l'heure où le télétravail a le vent en poupe, certains préféreront parfois délaisser leur petit appart au profit de lieux plus ambiancés. Au rayon des espaces de coworking stimulants, le Nuage Café est roi. Dans le plus beau coin du Quartier latin, sur les pentes de la montagne Sainte-Geneviève, il occupe le chevet d'une cathédrale roumaine orthodoxe bâtie au XIVe siècle. Ce vaste édifice gothique offre désormais ses alcôves à différents usages, le tout gratifié d'une déco aux accents scandinaves très *home sweet home*. On ne paie que le temps passé et tous les services (wifi, iPad, concierge, impressions...) sont inclus et illimités, y compris une très belle offre de cafés et de gâteaux en tout genre. Depuis la rue, par les fenêtres ouvragées, la vision... peu orthodoxe de travailleurs calés sur des coussins et en chaussettes donne follement envie d'y établir son bureau !

PETIT-DÉJEUNER DANS LE JARDIN D'UN HÔTEL

Pourquoi ce plaisir ultime serait-il réservé aux seuls touristes ? Voici une sélection d'hôtels où chacun peut venir prendre un petit déjeuner tout simple ou sophistiqué, en écoutant le chant des oiseaux.

DANS UNE MAISON DE CAMPAGNE

Au sommet de la montagne Sainte-Geneviève, au fond d'une impasse plantée de roses, se lovent une grande bâtisse et plusieurs maisonnettes formant un hôtel 3 étoiles aux airs de maison de famille, autour d'une grande cour pavée où la nature s'épanouit en toute liberté.

Hôtel des Grandes Écoles
75, rue du Cardinal-Lemoine, 5e
Petit déjeuner continental de 7h15 à midi, 9 € (réserver la veille)

AUTOUR D'UNE FONTAINE

Derrière le salon-cheminée cosy d'un ancien couvent du quartier Saint-Sulpice reconverti en hôtel 4 étoiles, une courette abrite une véranda façon salon d'hiver et une poignée de tables et canapés auprès d'une fontaine bucolique.

Hôtel de l'Abbaye
10, rue Cassette, 6e • Petit déjeuner de 7h à 11h, 22 €

SOUS LES MARRONNIERS

Une lourde porte cochère de Saint-Germain-des-Prés donne accès à un hôtel 3 étoiles sans prétention doté d'un jardin blotti entre les immeubles cossus du quartier, offrant des tables en fer forgé posées à l'ombre des marronniers, et un grand canapé sous une véranda pour se protéger des rayons du soleil.

Hôtel des Marronniers
21, rue Jacob, 6e • Petit déjeuner de 7h à 11h • Buffet continental 15 €

Hôtel des Grandes Écoles

L'Hôtel

CHEZ OSCAR WILDE

Dans le plus petit hôtel 5 étoiles de Paris, un bijou rococo qui fut la résidence germanopratine d'Oscar Wilde, se niche un patio aux belles tables nappées de blanc entourant une grande fontaine parsemée de nénuphars.

L'Hôtel
13, rue des Beaux-Arts, 6e
Petit déjeuner de 7h à 10h30
Buffet continental à 19 €

DANS UNE ALLÉE SECRÈTE

Dans le haut Marais, un discret hôtel 4 étoiles recèle une longue allée pavée plantée de réverbères romantiques et de palmiers, baignée de soleil et agrémentée d'élégantes alcôves et de parasols pour petit-déjeuner au frais.

Les Jardins du Marais
74, rue Amelot, 11e • Ouvert du lundi au vendredi de 6h30 à 10h, samedi et dimanche de 6h30 à 11h • Buffet continental 20 €

SUR LES TOITS

Une terrasse qu'abrite le toit d'un hôtel 4 étoiles perché sur la butte Montmartre, pour une vue panoramique sur Paris. Le tout, bien installé dans un canapé et entouré d'un grand et beau buffet.

Terrass" Hôtel
12-14, rue Joseph-de-Maistre, 18e
Sur réservation en ligne • Buffet de 7h à 10h30, 25 €

Thé-ritoires

5, rue de Condé, 6e • M° Odéon • Tél. 01 42 03 31 51

Ouvert du mardi au samedi de 10h30 à 18h45, dimanche de 14h à 18h
Théière à partir de 10 €, paire de scones maison 10 €

theritoires.com

***TEA TIME* AU PAYS DES MERVEILLES** • "Avez-vous déjà pris le thé avec un renard ?" lit-on sur la devanture de ce salon de thé d'Odéon. Sitôt la porte poussée, on plonge en effet dans l'univers d'*Alice au pays des merveilles*. Un petit cocon tamisé ne pouvant accueillir qu'une poignée de chanceux, où se côtoient une causeuse en tweed à oreilles, un arbre moussu, des portraits d'ancêtres et une lampe Tiffany. Nous sommes à une latitude située quelque part entre la Chine, le Morvan et une colonie anglaise ; le menu ressemble à un parchemin façon carte au trésor. Devant sa monumentale bibliothèque de thés où sommeillent des mélanges exceptionnels, Arnaud donne les clés de l'énigme grâce à ses dons de conteur. Cet archéologue et historien du thé au nœud pap' toujours tiré à quatre épingles part la moitié de l'année en Asie à la rencontre de cultivateurs de feuilles rarissimes, pour revenir ensuite faire goûter amoureusement ses trouvailles. Une adresse idéale si l'on souhaite se réchauffer autour d'un "Russian Caravan" et trouver, *dixit* Arnaud, "le réconfort d'un feu de cheminée"...

Rose Bakery au musée de la Vie romantique

Hôtel Scheffer-Renan • 16, rue Chaptal, 9e • M° Saint-Georges, Pigalle ou Blanche • Tél. 01 55 31 95 67

Ouvert du mardi au dimanche de 10h à 17h30 • Thé et cappuccino 4,50 €, gâteaux 5,50 €, scones (avec beurre et confiture) 3,50 €

museevieromantique.paris.fr

GOÛTER DANS LES ROSIERS • Au bout d'une impasse bordée de fleurs dans le bouillonnant "South Pigalle", une cour pavée aux murs recouverts de vigne vierge abrite un trésor champêtre. Une maison bourgeoise blanche aux volets verts, dans laquelle George Sand vécut naguère, et qui abrite aujourd'hui le musée de la Vie romantique. À côté de la bâtisse, un jardin regorgeant de fleurs offre un coin de nature très agréable pour boire une citronnade et se régaler des célèbres pâtisseries anglaises de Rose Bakery, sans avoir à passer par la case billetterie du musée. Grands arbres, rosiers grimpants, lilas, lauriers roses, clématites, iris, hortensias et acacias s'y épanouissent en toute splendeur au printemps. L'hiver venu, c'est sous la belle serre végétale que l'on profite de cet instant suspendu. Bon à savoir : l'accès aux collections permanentes du musée est gratuit.

Centre culturel Pouya

48 bis, quai de Jemmapes, 10e • M° République • Tél. 01 42 08 38 47

Ouvert du lundi au samedi de 11h à 23h, dimanche de midi à 21h
Thé à partir de 4 €

Facebook : @Centrepouya

UN THÉ EN IRAN • Cette maison de thé ispahanaise semble tombée d'un tapis volant parmi la myriade d'adresses branchées du canal Saint-Martin ! Au rez-de-chaussée d'un centre culturel iranien, ce salon raconte des histoires millénaires à travers les livres, disques, calligraphies, percussions et photos entourant des poufs colorés, tabourets en bois ouvragé et tables en fer forgé importés d'Iran. L'esprit embrumé par les effluves parfumées, les chuchotements d'une liseuse de tarot ou les "ommmmmm" d'une leçon de yoga au sous-sol, on profite d'un moment pour soi autour d'un thé au safran agrémenté de quelques dattes moelleuses. Installé confortablement sur des banquettes brodées de motifs persans, derrière de grandes baies vitrées plongeant sur les quais, on apprécie cette quiétude rare en observant mollement le monde qui s'agite, juste en face, sur la jolie passerelle des Douanes qui enjambe le canal.

4

Boutiques de charme

Boutiques de jadis et de toujours, qui souvent renferment des trésors fièrement amassés par leur tenancier depuis des années, des siècles, des lustres, ou bien adresses plus modernes, qui ont su revisiter leur désuète profession en donnant une touche de glam' à leur patine d'antan… Un parcours à travers ces échoppes est la promesse d'un sacré voyage spatio-temporel !

E. Dehillerin

18-20, rue Coquillière, 1er • M° Les-Halles ou Étienne-Marcel • Tél. 01 42 36 53 13

Ouvert lundi de 9h à 12h30 et de 14h à 18h,
du mardi au vendredi de 9h à 19h, samedi de 9h à 18h

edehillerin.fr

INSTITUTION TOQUÉE • "Au service de la gastronomie depuis 1820", annonce, pas peu fière, la vénérable enseigne. Institution bicentenaire, donc, nichée au cœur des Halles, l'ancien "ventre de Paris", Dehillerin vend du matériel de cuisine... aux cuisiniers. On est pourtant loin de Metro ou de Mobalpa ! L'ambiance évoque plutôt *La Cuisine au beurre* et *Le Grand Restaurant* : la vaste boutique est dans son jus (de cuisson), proposant aux professionnels comme au tout-venant, aux amateurs éclairés et aux apprenants, des cuivres intemporels, des appareils vintage, des batteries complètes et toutes les innovations récentes pour découper, pâtisser, cuire, bouillir et mitonner. E. Dehillerin est le fournisseur des restaurateurs de tout rang, mais aussi de l'Élysée, de tables étoilées, et fut même celui du *Titanic*. Des milliers d'articles, des plus sophistiqués au couteau à pomme, entassés, alignés, empilés, pour que rien ne manque à la recette. Bon appétit !

Les Drapeaux de France

Place Colette, 1er • M° Palais-Royal-Musée-du-Louvre ou Pyramides
Tél. 06 62 95 60 64

Ouvert du lundi au samedi de 11h à 19h30, dimanche de 14h à 19h

lesdrapeauxdefrance.com

PERSONNAGES RARES • Entre le Conseil d'État, la Comédie-Française, le ministère de la Culture et la Banque de France se cache une autre institution quasi centenaire : Les Drapeaux de France. Son étendard levé, franchement accueillant, ne recèle en vérité pas le moindre drapeau, mais une magnifique collection de figurines : soldats de plomb, santons, maquettes lilliputiennes et toutes sortes de micro-trésors. L'échoppe a pris racine dans les jardins du Palais-Royal en 1949, un passionné fabriquant alors à la demande quatre ou cinq bonshommes de plomb chaque mois. Le rythme s'est accéléré depuis, mais la fabrication demeure traditionnelle et chaque objet est peint à la main. Les férus d'histoire retrouveront dans les uniformes ou les saynètes les détails scrupuleusement respectés de chaque guerre, tandis que les curieux s'émerveilleront devant les courses de cyclistes, les scènes de cirque ou le bestiaire de Bosch. Pour un peu, on entendrait presque parler ces petits personnages !

Librairie Jousseaume

45-46-47, galerie Vivienne, 2e • M° Pyramides ou Quatre-Septembre
Tél. 01 42 96 06 24

Ouvert du lundi au samedi de 11h à 19h

librairie-jousseaume.com

20 000 LIEUES SOUS LES LIVRES • Il y a des librairies et il y a *la* librairie. Celle que l'on imagine, celle dont on rêve, un antre merveilleux de la littérature où s'entassent des pages imprimées intemporelles entre linéaires boisés, mezzanine et escalier en colimaçon. Et quand cette librairie fantasmée se tient (depuis 1826 !) au beau milieu de l'un des plus beaux passages parisiens, la galerie Vivienne, la course des aiguilles s'arrête et permet de perdre ses repères, de changer d'époque, le temps de se raconter des histoires et d'en rechercher d'autres, plus belles encore dans les rayonnages. À mi-chemin entre la bibliothèque d'un Sherlock Holmes et le repaire d'illustres universitaires de la Sorbonne, c'est aussi une carte postale pour touristes en goguette et pour tous les Parisiens qui n'aiment rien tant que découvrir les adresses préservées de leur inépuisable ville.

Ultramod

3 et 4, rue de Choiseul, 2e • M° Bourse • Tél. 01 42 96 98 30

Ouvert lundi, mardi, jeudi et vendredi de 10h à 18h,
mercredi de 10h à 19h30, samedi de 14h à 18h

Facebook : @ultramodmercerieparis

AU BONHEUR DES DAMES • Juste au bout du passage Choiseul, deux antiques merceries se font face. Si la plus ancienne est âgée d'au moins 200 ans, on les croirait toutes deux sorties d'un roman de Zola. Derrière leur façade patinée, elles renferment des stocks exceptionnels de fournitures vintage, bien rangés dans des meubles de métier en bois et des boîtes en carton entreposées du sol au plafond. Une visite dans ces deux boutiques est la promesse d'un retour à la Belle Époque, dans un arc-en-ciel digne d'un marchand de couleurs. On y farfouille des heures dans les trésors aux noms délicieusement désuets, entre rubans en velours de soie, satins, galons, passementeries, boutons ouvragés, cônes de feutre, voilettes, tarlatanes, sisal et gros grains multicolores... On peut également y prendre un cours de couture ou de broderie – un bon moyen de profiter pleinement de ces lieux au parfum suranné.

Rickshaw

7, passage du Grand-Cerf, 2e • M° Bonne-Nouvelle • Tél. 01 42 21 41 03

Ouvert du lundi au samedi de 11h à 19h

rickshaw.fr

LA CAVERNE D'ALI BABA • Sous la verrière du passage du Grand-Cerf, une sorte de brocante orientale plonge dans une ambiance de souk rempli d'objets artisanaux exotiques, vendus à petits prix. Tous les trésors ont été rapportés d'Inde par les patrons, qui y chinent des antiquités qu'ils décapent, lustrent et bichonnent avec tant d'amour que leur patine semblerait presque factice – sauf que certains objets sont plus que centenaires. Petits ou grands meubles en teck ou en manguier, bougeoirs, miroirs, boîtes émaillées, coffres multicolores, poignées de porte en porcelaine entassées dans de grandes caisses où l'on aime à plonger les mains... L'offre est riche ! Parmi les pépites, une incroyable collection de lampes à pétrole, de bateaux et de chemins de fer électrifiés, et quelques insolites, telle une hélice du plus bel effet sous une plaque en verre en guise de table basse.

Les Images de Marc

69, boulevard Beaumarchais, 3e
M° Chemin-Vert, Bréguet-Sabin ou Bastille • Tél. 06 81 97 59 90

Ouvert du mardi au samedi de 14h à 19h et sur rendez-vous
Images à partir de 15 €

lesimagesdemarc.paris

LE MARCHAND D'IMAGES • Parce qu'une image vaut mille mots, cette boutique collectionne tous les supports dessinés possibles : à l'origine, les cartes postales, mais aussi les affiches, les représentations géographiques, l'art publicitaire, les estampes et même des menus de mariage ou des étiquettes de bouteille. Difficile de coincer Marc, le collectionneur en chef, sur une image qu'il ne détiendrait pas dans l'un de ses innombrables classeurs ou tiroirs secrets : une région, une époque, un artiste, un thème... Il a amassé lui-même patiemment cette somme encyclopédique et pièce par pièce, ne sélectionnant que des objets uniques ou rares. Le visiteur curieux qui ne cherche rien de particulier se plaira à fouiller les rayonnages et à tomber par hasard ou presque sur une carte du village de sa grand-mère ; le connaisseur chevronné sera pour sa part heureux de se glisser entre les piles de papiers instables en sachant que la perle rare n'est pas loin.

Officine Universelle Buly

45, rue de Saintonge, 3e • M° Saint-Sébastien-Froissart • Tél. 01 42 72 28 92

Ouvert du mardi au dimanche de 10h30 à 19h

Autres adresses sur buly1803.com

MERVEILLEUSE APOTHICAIRERIE • Charmé par l'officine ouverte en 1803 par M. Bully (qui inspira à Balzac le personnage de César Birotteau), un duo d'entrepreneurs décida de la recréer de toutes pièces dans le haut Marais. Une adresse tout en marbre et vitrines de chêne, qui cultive le raffinement à la française. Derrière un long comptoir d'apothicaire, des hôtesses vêtues de façon monacale présentent leurs pommades, onguents, beurres, laits, poudres et autres alabastres au packaging rétro, issus de techniques ancestrales et de produits naturels du monde entier. En vitrine, on observe avec amusement des instruments de beauté anciens, tels que cette impressionnante collection de gratte-dos ou ce plumeau relaxant. Dans l'arrière-boutique se niche le spa le plus inspiré de la capitale : une seule cabine, aux murs parés de faïence bleue, dotée d'une table en cuir, où une maîtresse-masseuse armée de pinceaux japonais dispense de mémorables massages du visage sur fond de musique classique.
À la même adresse, les créateurs de ce lieu ont aussi redonné vie à un café du XIXe siècle, le Grand Café Tortoni (voir page 53).

Izraël

30, rue François-Miron, 4e • M° Saint-Paul • Tél. 01 42 72 66 23

Ouvert du mardi au samedi de 10h à 13h et de 14h à 18h30

LE BAZAR AUX ÉPICES • La “sauce chien” des vacances en Guadeloupe, les feuilles de citron kaffir qui sentent bon la Thaïlande ou encore le *turrón made in* Madrid : chez Izraël, à peu près toutes les spécialités exotiques trouvent leur place, pourvu qu’elles soient savoureuses et qu’elles se serrent un peu. Depuis 1947, cette pittoresque échoppe du vieux Marais nous transporte à travers le monde, dans une profusion de couleurs, saveurs et senteurs venues d’Orient et d’Occident. Montagnes de nougats et de loukoums, énormes sacs de lentilles roses de Turquie, riz japonais ou pistaches d’Iran, dizaines de sortes de sels, poivres, épices, thés et huiles de toutes les couleurs, festival de tarama, olives et houmous, filets de salami hongrois qui pendent du plafond et cave remplie à ras bord de liqueurs et d’alcools : faire ses emplettes dans cette institution familiale au charme rétro est un voyage de tous les sens !

THÉ OU CAFÉ ? DEUX ADRESSES CONFIDENTIELLES POUR LES PURISTES

LA MAISON DES TROIS THÉS

1, rue Saint-Médard, 5e • M° Place-Monge • Tél. 01 43 36 93 84 • Ouvert du mardi au samedi de 10h30 à 13h et de 14h à 19h • Réservation conseillée

Cette boutique de quartier abrite, l'air de rien, la plus grande cave à thés du monde. Ce trésor est le fruit du travail de maître Tseng, l'un des nez et des palais les plus fins de la planète. Entre deux collaborations avec des grands noms de la gastronomie française, elle se rend en Chine pour orchestrer elle-même la fabrication du thé. On trouve ici plus de mille variétés, dont certaines essences se bonifiant avec le temps fermentent patiemment dans la cave. Pour profiter comme il convient de ces lieux presque sacrés, on se fera initier au cérémonial "Gong Fu Cha" afin d'apprendre, avec tout le matériel d'une dînette d'adulte, l'art de préparer parfaitement le thé dans la plus pure tradition chinoise.

L'ATELIER DE TORRÉFACTION

12, place de la Bastille, cour Damoye, 11e • Tél. 01 43 14 20 11
Ouvert du lundi au samedi de 11h à 19h
Expresso sur place 2 €
Facebook : @Latelier-de-torréfaction

Andréa, une figure du quartier de la Bastille, avait marqué de sa personnalité la brûlerie qu'elle tenait depuis 1946. Cette adresse de la cour Damoye, un charmant passage débouchant sur la célèbre place, aurait dû disparaître cent fois si Andréa n'avait pas tenu tête aux promoteurs. Le nouveau propriétaire de l'atelier s'est spécialisé dans la torréfaction et s'est positionné sur les "cafés de spécialité". Après avoir choisi les nectars, le maître des lieux les torréfie sur mesure et en direct avec une machine de pointe pilotée par un ordinateur. Un savoir-faire entretenu avec passion dans un lieu préservé et atypique, très apprécié des "cafesthètes".

Marché aux fleurs Reine-Elizabeth-II

Place Louis-Lépine et quai de la Corse, 4e • M° Cité
Ouvert tous les jours de 9h à 19h30

paris.fr/equipements/marche-aux-fleurs-reine-elizabeth-ii-4506#presentation

DES FLEURS ET DES OISEAUX • Sous le regard bienveillant du Palais de Justice et de Notre-Dame se trouve un petit coin de nature qui s'offre aux regards émerveillés des touristes et des promeneurs. Un marché aux fleurs surmonté de pavillons métalliques 1900 et encadré de fontaines Wallace, abritant une vingtaine de boutiques sur des trottoirs envahis par la nature. Ces jolis bric-à-brac colorés et parfumés proposent toutes sortes de plantes, arbres, arbustes, semences, terreaux et une multitude de fleurs, tant locales et de saison qu'exotiques. On chine aussi de la déco pour embellir son balcon – murs végétaux, arrosoirs, bougies parfumées, vases de collection, nichoirs, paniers... Le dimanche s'y ajoute une grande variété d'oiseaux dont des raretés, des petits rongeurs, poissons, cages et autres accessoires. Arpenter ces allées couvertes promet une agréable promenade sur l'île de la Cité et un bon bol de chlorophylle, de senteurs florales et de joyeux piaillements !

Lumière de l'Œil

4, rue Flatters, 5e • RER Port-Royal, M° Les-Gobelins ou Glacière
Tél. 01 47 07 63 47

Ouvert du mardi au vendredi de 14h à 19h, samedi de 11h à 17h
Lampes à partir de 300 €

lumieredeloeil.com

LE GÉNIE DE LA LAMPE • Ara Kebapcioglu et sa boutique se ressemblent : ils sont uniques et foisonnants. D'histoires, d'anecdotes et de savoirs pour le bonhomme ; de lampes, de mèches et de manchons pour l'échoppe. Et Mme Kebapcioglu ne s'y est pas trompée, elle qui, après avoir franchi le seuil il y a pas mal d'années, n'a jamais plus quitté le génie et ses lampes et veille amoureusement au grain depuis l'arrière-boutique. Passer la porte, c'est entrer dans une caverne d'Ali Baba pleine à ras bord de luminaires suspendus ou posés en équilibre. Que des modèles anciens, restaurés ou transformés par le maître des lieux qui règne sur cet empire lampiste depuis 1981. C'est aussi une invitation à survoler le temps et les pays au gré des savants récits sur l'histoire de la lumière, ses techniques, ses usages, ses guerres industrielles et enjeux géopolitiques. Contés par ce vénérable érudit au regard qui frise et à la verve intarissable, les lumignons prennent vie.

Shakespeare & Company

37, rue de la Bûcherie, 5e • M° Saint-Michel • Tél. 01 43 25 40 93

Librairie ouverte du lundi au samedi de 11h à 19h, dimanche de 11h30 à 19h
Café ouvert tous les jours de 10h à 19h

shakespeareandcompany.com

TIERS-LIEU HISTORIQUE • Des *british* bouquins dans un écrin *so frenchy* ou un cottage londonien posé les pieds dans la Seine et les yeux sur Notre-Dame : le charme indéfinissable de cette librairie anglophone du Quartier latin invite à voyager dans l'histoire. Les péripéties du lieu ont façonné sa scénographie, car ce café-*bookstore* fut un refuge pour écrivains en goguette, un lieu de création littéraire, une auberge espagnole. Témoins de cette époque, on retrouve ici une machine à écrire, là un lit de fortune où se prélasse un chat, là-bas un salon de lecture avec piano, et plus loin une table à débattre et à disserter. Shakespeare & Company, c'est aussi un enchevêtrement d'appartements antiques où l'on peut déambuler au gré de milliers d'ouvrages, s'asseoir, lire, flâner ou visiter. C'est l'invention du tiers-lieu, de la maison de quartier ! Y être ou ne pas y être, vous avez la réponse…
Non loin de là (au 29, rue de la Parcheminerie), The Abbey Bookshop (fr.abbeybookshop.org) est une autre librairie américaine historique et insolite à ne pas manquer.

Deyrolle

46, rue du Bac, 7e • M° Rue-du-Bac • Tél. 01 42 22 30 07

Ouvert du lundi au samedi de 10h à 19h

deyrolle.com

BOUTIQUE DOUBLE-FACE • Heureux celui qui, en passant devant cet élégant immeuble de la rive gauche, lèvera les yeux vers les fenêtres du premier étage et apercevra quelques têtes d'animaux de la jungle. Car si le rez-de-chaussée ayant pignon sur rue depuis près de deux cents ans abrite des merveilles (planches de sciences naturelles, arrosoirs délicats, articles de papeterie...), il serait regrettable de ne pas emprunter l'escalier menant à l'un des derniers cabinets de curiosités de Paris. Spécialisée dans la taxidermie et l'entomologie, la maison Deyrolle offre un fantastique voyage dans le temps et à travers le monde. Entre boiseries, dorures et vitrines antiques, les pièces s'enchaînent et révèlent tour à tour énormes phacochères, félins et volatiles en tout genre, collection de coquillages, coraux et crustacés, fioles de potions mystérieuses et tableaux de majestueux papillons irisés. Et comme on n'est pas au musée, ici tout est à vendre !

Herboristerie de la Place Clichy

87, rue d'Amsterdam, 8e • M° Place-de-Clichy
Tél. 01 48 74 83 32

Ouvert lundi de 11h à 13h et de 14h à 19h, du mardi au vendredi de 10h à 13h et de 14h à 19h, samedi de 10h à 13h et de 14h à 18h

herboristerie-de-la-place-clichy.business.site

CONTES D'APOTHICAIRE • Avec sa devanture datant du siècle dernier, l'Herboristerie de la Place Clichy, la plus ancienne institution parisienne de cette énigmatique profession, porte fièrement son costume d'alchimiste. Pour assembler ces plantes médicinales, extraire les vertus des herbes aromatiques et transformer les végétaux en remèdes sur mesure, un laboratoire se trouve sur place, dans lequel œuvre une équipe d'herboristes qui écoutent les maux des clients afin de les soulager par des solutions douces et naturelles. Attention à ne pas confondre avec une pharmacie (la boutique fut l'objet d'une controverse il y a quelques années pour mélange des genres) : ici, pas de médicaments, mais plus de 900 références de plantes, huiles, matières minérales ou racines pour concocter, avec des pilons et des balances en cuivre, des tisanes bienfaisantes et autres pharmacopées apaisantes.

Club Salon Baba

21, rue Jean-Mermoz, 8e • M° Miromesnil
Tél. 01 42 56 35 53 ou 06 69 16 62 47

Ouvert du lundi au samedi de 9h à 18h45 • 20 € le lustrage de chaussures

salonbaba.fr

LE DERNIER SALON OÙ L'ON CAUSE • Celui qui pousse la porte de ce cireur interlope situé en plein cœur du Triangle d'Or a forcément été mis au parfum par quelque habitué ayant lui-même un jour été initié. Dans son salon victorien où s'entassent des piles de livres d'art et d'ouvrages érotiques sur fond de tentures cramoisies, Baba, le maître des lieux, redonne vie aux souliers déprimés des clients des palaces du coin. Mais chez Baba, c'est beaucoup plus que ça. Le soir, les marquises voisines et les galeristes de la rue aiment à se retrouver dans le canapé ou sur l'antique fauteuil de cireur juché sur son estrade pour échanger les derniers potins. Et de façon tout à fait accessoire, retrouver l'éclat de leurs chaussures fétiches. D'après l'une de ses amies venue fumer une cigarette ce jour-là, “Baba, c'est la mascotte de la rue Jean-Mermoz, et ici, le dernier salon où l'on cause”. Et Baba de conclure : “Ici, le futur client est un ami qui s'ignore jusqu'à ce qu'il en franchisse le pas...”

Pain d'Épices

29-33, passage Jouffroy, 9e • M° Richelieu-Drouot ou Grands-Boulevards
Tél. 01 47 70 08 68

Ouvert du lundi au samedi de 10h à 19h, dimanche de 12h30 à 18h

paindepices.fr

MAISON DE POUPÉE GRANDEUR NATURE • Avis aux nostalgiques devant l'éternel, l'ultime madeleine de Proust se love dans le merveilleux passage couvert Jouffroy. Mi-magasin de jouets, mi-musée, cet antre rétro dédié à l'enfance donne l'impression de pénétrer dans une maison de poupée géante. On y trouve toutes les miniatures possibles et imaginables, reproduisant les objets de la vie de tous les jours. La cuisine ? C'est par ici, entre les mini-Boursin, le mini-pot de Nutella et les mini-pizzas. Le jardin ? Juste à côté, avec ses mini-arrosoirs, mini-brouettes et mini-pots de fleurs. Au fond ? La salle de bains et ses mini-robinets. Le tour du propriétaire n'est pas terminé : ces adorables univers pour Lilliputiens côtoient des trésors de jouets vintage et, en haut du bel escalier de bois, on trouve tout le nécessaire pour fêter son anniversaire. Une dernière pièce, consacrée à la décoration des chambres d'enfant, clôt la visite. Cette maisonnette enchantée mettra des étoiles dans les yeux des petits comme des grands.

La Galcante

38, rue de Charenton, 12e • M° Ledru-Rollin • Tél. 01 44 77 87 44

Ouvert du mardi au samedi de 10h à 19h30

lagalcante.com

ANCIENNES NOUVELLES • Cette librairie pas comme les autres a connu une première (longue) vie rue de l'Arbre-Sec, avant de déménager plus à l'est de la capitale. Elle possède toujours un fonds d'archives de presse unique en Europe, qui débute à la Révolution. Entre le journal du jour, les magazines, les périodiques et autres revues historiques, des kilomètres d'imprimés s'étalent sur des rayonnages, pour le plus grand bonheur des bibliophiles, universitaires et curieux de tous poils. Du *Journal de Roubaix* au *Petit Parisien* en passant par *Paris Match*, *Libération*, *L'Homme libre* ou *Le Matin*, La Galcante renferme une part de l'histoire de la presse française. Bon à savoir : ces titres sont tous à la vente : pourquoi ne pas offrir à votre ami.e un journal paru le jour de sa naissance ? Idéal pour trouver un cadeau original et vraiment personnel.

La Graineterie du Marché

8, place d'Aligre, 12e • M° Ledru-Rollin ou Gare-de-Lyon • Tél. 01 45 84 46 36

Ouvert du mardi au samedi de 9h45 à 13h15 et de 16h à 19h15,
dimanche de 9h45 à 14h30

Facebook : @jojo.kawa.ferre

LE PETIT MARCHAND DE COULEURS • Une boutique semblant tout droit sortie des *Contes de la rue Broca*. Sauf qu'elle se situe sur la place d'Aligre, entre topinambours, brocantes, bouquinistes, prix cassés, bistros populos et rôtisseries bobos. La Graineterie du Marché est un peu le concentré de cette ambiance unique, réunissant entre ses petits murs surchargés des produits intemporels et universels. Aux graines pour oiseaux d'origine sont venues s'ajouter celles pour relever les plats des chefs naturopathes, des semences anti-OGM, pâtes et risottos aux truffes, huiles lombardes et vinaigres lusitaniens, fruits à coque au poids et fruits confits en bocal, niniches, anis de Flavigny et papier d'Arménie : bref, tout l'arsenal d'une épicerie fine qui aurait péché avec un magasin d'alimentation générale. Dans l'arrière-boutique cohabitent des rayonnages de produits potagers anti-limaces, une caissette de cartes routières désuètes et des photos retraçant les origines de la boutique dans les années trente, témoignant de la prouesse de José – avoir su garder l'âme de cette boutique si attachante.

La Boutique des Anges

2, rue Yvonne-Le-Tac, 18ᵉ • M° Abbesses • Tél. 01 42 57 74 38

Ouvert lundi, mardi, jeudi et vendredi de 10h30 à 19h15, mercredi de 17h à 19h15, samedi de 14h à 19h15, dimanche de 11h à 19h

boutiquedesanges.fr

CHEZ L'ANGE GARDIEN • "Affichez toujours un sourire, c'est ainsi que le don de la vie deviendra le vôtre et que vous pourrez à votre tour l'offrir" : cette citation de Nahman de Breslev glanée sur son site Internet, on peut dire que Brigitte de Cuyper la met en pratique. Comment ne pas avoir le sourire quand on tient une boutique entièrement dédiée à l'adoration des angelots ? Dans sa ravissante échoppe baroque dominée par le Sacré-Cœur, la douce Brigitte veille telle une bonne fée sur une troupe de chérubins et séraphins adoptant les formes les plus diverses : bijoux, cartes postales, figurines, théières, livres, ou encore cet adorable ange quêteur qui hoche la tête lorsqu'une pièce tombe dans la tirelire… Certaines de ces créatures potelées viennent de loin, d'autres naissent de l'imagination de Brigitte, qui les façonne au sein de son atelier montmartrois avant de les peindre, patiner et lustrer avec amour dans sa boutique. La joie de vivre de cet ange gardien illumine tous les visiteurs, qui, s'ils ne trouvent pas leur cadeau idéal, ont au moins l'assurance de repartir aux anges !

Dandelion

1, rue Victor-Letalle, 20e • M° Ménilmontant • Tél. 01 86 86 20 12

Ouvert du mardi au samedi de 10h à 20h, dimanche de 9h30 à 14h30

dandelionparis.com

UN AMOUR DE FLEURISTE • Si Dandelion est l'adresse fétiche des habitants de Ménilmontant, cet adorable fleuriste mérite que l'on traverse tout Paris pour lui. Dans leur boutique lilliputienne tout en bois blanc, poutres et briques apparentes, les Franco-Suédois Antoine et Ylva créent de sublimes compositions florales que les lieux les plus tendance de Paris s'arrachent pour ornementer leur déco intérieure. Mêlant végétaux frais et séchés, majoritairement locaux et de saison, ces créations qui remplissent l'échoppe du sol au plafond donnent un aspect féerique à ce lieu rempli de convivialité et de bonne musique. Au fond, un escalier en colimaçon mène à l'appartement d'Ylva, et il n'est donc pas rare de croiser ses enfants rentrant de l'école, zigzaguant avec leurs gros cartables pour se frayer un passage à travers les plantes. En face, près d'un troquet où les commerçants du quartier échangent les dernières nouvelles, les deux amis ont ouvert un joli atelier de fleurs séchées où ils proposent des initiations autour d'un apéro acheté chez le crémier d'à côté.

LES INSOLITES DES PUCES DE SAINT-OUEN

Véritable ville dans la ville, les Puces de Saint-Ouen possèdent une atmosphère unique : chacune des allées de leurs douze marchés couverts et des cinq rues pucières étalées sur sept hectares réserve son lot de merveilleuses surprises. Nous avons recensé ici quelques adresses particulièrement typiques ou hautes en couleur.

M° Garibaldi, Porte-de-Clignancourt ou Saint-Ouen
Vendredi de 8h à midi samedi et dimanche de 10h à 18h, lundi de 11h à 17h
pucesdeparissaintouen.com

CURIEUSES BOUTIQUES

• Rue Paul-Bert, deux jolies maisonnettes présentent la particularité d'être à la fois des boutiques et les demeures des antiquaires. Au n° 8, **Colonial Concept** offre un jardin exotique et un décor intérieur peuplé d'animaux empaillés mis en scène.

• Au 18, rue Jules-Vallès (marché Le Passage), faites un détour **Chez Sarah**, un immense magasin renfermant une extraordinaire collection de vêtements et accessoires vintage et anciens, dont certaines pièces de haute couture. Pour un peu, on se croirait dans la salle des costumes d'un studio d'Hollywood !

chezsarah.net

• Juste après, au marché Le Passage, une échoppe vend des **cartes postales du monde entier**, ainsi que des milliers de références sur tous les départements français : peu de chances de ne pas trouver quelque chose sur votre village. Et puis quel délice de savourer la prose d'illustres inconnus, plus fleurie que celle de nos textos !

• Rue Jules-Vallès, **au n° 20**, une **cour** renferme des accessoires de jardin fascinants : colonnes grecques, chevaux en bronze grandeur nature, vases aussi hauts qu'un homme... Le temple de la démesure !

• Au 31, rue Lécuyer, tentez une incursion dans la **Librairie de l'Avenue**, rien de moins que la plus grande librairie de livres d'occasion d'Île-de-France ! Et des libraires qui sauront exactement où vous envoyer pour extirper votre bonheur de ces 150 000 ouvrages.

librairie-avenue.fr

• Enfin, au 99, rue des Rosiers (marché de Vernaison), ne manquez pas la visite de **Tombées du Camion**, une adresse un peu barrée et complètement régressive où l'on trouve une foultitude d'objets insolites, cultes et surannés. Le patron s'est spécialisé dans la récup' de stocks d'usine, d'entreprises, de collectionneurs. Yeux de poupées, affiches porno, bols bretons... tout est garanti vintage mais a l'air neuf, tout est unique mais en quantité.

tombeesducamion.com

DÉJEUNER SUR LE MARCHÉ

Version trendy : **Feuille de Chou**, le resto de l'hôtel MOB House**,** 70, rue des Rosiers (marché Paul-Bert Serpette), designé par Philippe Starck, propose sa "grande bouffe du dimanche", avec un réjouissant pêle-mêle d'entrées, un poulet rôti et son saladier de frites, et des desserts à partager.

Tél. 01 55 28 80 80 • Tous les dimanches 12h-16h, 35 €/adulte, réservation conseillée
mobhouse.com

Version tradi : **Le Paul Bert**, 20, rue Paul-Bert (marché Paul-Bert-Serpette) est sans doute la plus jolie et la meilleure des brasseries des Puces. Avec sa terrasse située à un angle stratégique, c'est aussi l'un des meilleurs spots pour profiter de l'ambiance du marché et tenter d'apercevoir des célébrités. Pensez à réserver !

Tél. 01 40 11 90 28 (réservations avant 13h) • lepaulbert.fr

Feuille de Chou

PAUSE CAFÉ EN MUSIQUE

Pour sentir battre le cœur des Puces, rien ne vaut un passage par la **Chope des Puces**, 122, rue des Rosiers. Ce troquet repris par l'inénarrable Marcel Campion est le temple du jazz manouche depuis des décennies. Ambiance garantie avec des concerts tous les week-ends !

Concerts samedi et dimanche de 12h30 à 19h • lachopedespuces.fr

VISITE GUIDÉE DES PUCES

Pour une visite guidée des Puces insolites, rendez-vous sur **chezbertrand.com**

SOIRÉE À L'HÔTEL

Au **MOB Hotel** (6, rue Gambetta), on peut, dans le désordre : se régaler d'une pizza dans un canapé, faire une partie endiablée de baby-foot, écouter de la philo aux toilettes, prendre un cours de yoga, boire des coups autour d'un feu de cheminée crépitant, acheter des fleurs au potager sur le toit, assister à un concert, regarder un film à la belle étoile... et, bien sûr, dormir !

Tél. 01 47 00 70 70 • mobhotel.com

MOB Hotel

5

Surprenants temples du bien-être

Savoir-faire ancestraux, soins originaux, spas secrets, routines de beauté du monde entier, ingrédients et remèdes insolites... Les initiés vous révèlent les adresses d'officines tenues par les gardiens de traditions cosmopolites en tout genre.

Aux Bains Montorgueil

55, rue Montorgueil, 2e • M° Les-Halles • Tél. 01 44 88 01 78

Ouvert du mardi au dimanche de 10h à 21h • Uniquement sur réservation
Entrée au hammam + rituel gommage 69 € (prévoir 1h30)

auxbainsmontorgueil.fr

DISCRET HAMMAM ROYAL • C'est dans la cour d'un immeuble de la rue Montorgueil que se trouve le hammam le plus authentique de Paris. Une pépite où règne un calme qui change des grands établissements parisiens. Et pour cause, ces bains appartenaient à une lignée de Marocains qui y recevait les membres de la famille royale de passage à Paris. Lorsque Armand décida de les ouvrir au public, il veilla à conserver leur caractère intime, en y accueillant tout au plus dix femmes à la fois. La décoration provient entièrement du Maroc, des armoires en os de chameau jusqu'aux murs en tadelakt. Le rituel débute par un bain de vapeur d'eucalyptus, avant un gommage au savon noir vraiment royal. Pour se donner du cœur à l'ouvrage, les "gommeuses" chantent des airs traditionnels et enchaînent sur un extraordinaire savonnage avec une application d'agrumes frais sur les articulations. La séance se termine par un plongeon tonifiant dans un bassin d'eau froide parsemé de pétales de roses. Avant de papoter autour d'un thé à la menthe et de pâtisseries orientales, au fond de coussins soyeux.

Alain Maître Barbier

8, rue Saint-Claude, 3e • M° Filles-du-Calvaire • Tél. 01 42 77 55 80

Sur rendez-vous • Ouvert du mercredi au vendredi de 9h30 à 19h, samedi de 9h30 à 18h • Taille de barbe simple 17 €, rasage à l'ancienne 40 €

alain-maitrebarbiercoiffeur.com

BARBIER À L'ANCIENNE • À l'heure où l'on compte presque autant d'enseignes tricolores, typiques des barbiers, que de boulangeries dans la capitale, il faut savoir se distinguer. Et de distinction, Alain n'en manque certainement pas. Après des décennies à entretenir les toisons des Parisiens, celui qui fut le barbier de Johnny Hallyday a bien mérité son titre de "maître barbier" et consacre désormais une partie de son temps à transmettre l'art du coupe-choux et du blaireau à la jeune génération. Il accomplit d'ailleurs cette tâche avec une passion non dissimulée, à en croire son "salon-musée" aux murs ornés de truculents objets racontant l'histoire de la pilosité à travers les siècles. Nul besoin d'avoir une moustache coloniale à rebiquer ou une barbe de maharadjah à tailler, tout le monde peut venir ici faire un petit voyage dans le passé, en profitant d'un rasage à l'ancienne dans la plus pure tradition d'un salon resté dans son jus.

Piscine privée de l'Hôtel Da Vinci

25, rue des Saints-Pères, 6ᵉ • M° Rue-du-Bac • Tél. 01 55 35 41 88

Piscine ouverte aux clients extérieurs de 8h à 16h • Réservation obligatoire
Privatisation 100 € les 45 minutes pour les clients extérieurs
incluant tisane, thé et eau, peignoirs, chaussons et sèche-cheveux

hoteldavinciparis.com

UNE PISCINE RIEN QU'À SOI • Le numéro 25 de la rue des Saints-Pères recèle bien des mystères. En plein cœur de Saint-Germain-des-Prés, ces murs ont d'abord servi de cachette à l'un des plus célèbres cambrioleurs de l'histoire, Vincenzo Peruggia, qui y planqua la Joconde pendant quelques jours. S'inspirant de l'univers du créateur de cette dernière, ce qui est désormais un boutique-hôtel de luxe fait revivre le faste de la Renaissance dans une adresse confidentielle aux airs de boudoir feutré et cosy. Mais celle-ci dissimule désormais un autre secret : un bassin privatif blotti au sous-sol, ouvert aux clients extérieurs. Sous une voûte étoilée parsemée d'étincelantes mosaïques bleu nuit et or, ce trésor agrémenté de puissants jets massants offre une intimité inédite pour un spa, concurrençant ceux des plus grands palaces. Une échappée discrète loin du monde à s'offrir en amoureux !

Lanqi Culture & Spa

48, avenue de Saxe, 7e • M° Ségur, Saint-François-Xavier ou Sèvres-Lecourbe
Tél. 01 44 38 72 05

Ouvert du lundi au vendredi de 11h à 22h, week-end et jours fériés de 10h à 22h
Réflexologie totale 1h 64 €, hammam des pieds et réflexologie 1h 70 €

Autres adresses sur le site lanqi-spa.com

UN MASSAGE COMME EN CHINE • Bénie soit celle qui offrit la solution à tous les amateurs de *vrais* massages chinois, désespérés par une offre constituée de salons douteux ou hors de prix : j'ai nommé Mme Lanqi. Dans son spa discret situé aux pieds de la tour Eiffel, la papesse du *tui na* forme son armée de femmes de main à remettre sur pied les célébrités aussi bien que le commun des mortels. Diplômées en médecine traditionnelle chinoise, celles-ci prodiguent des massages ancestraux permettant de guérir bien des maux. Acupuncture, modelage, acupression, ventouses et autres accessoires : elles appuient (très) fort là où ça coince, et on ressort lessivé, mais plein d'un incroyable sentiment de libération ! À la manière des Pékinois, choisissez le soin "hammam des pieds + massage réflexologie" : assis dans un énorme fauteuil, on commence par un bain de pieds dans une cuve en bois, puis le fauteuil s'étend complètement pour accueillir une réflexologie de tout le corps. Bonheur !

Clemens

14, rue des Saints-Pères, 7e • M° Rue-du-Bac • Tél. 09 88 48 41 01

Ouvert tous les jours de 11h à 21h • Massage aquatique 1h 140 €

spaclemens.com

MASSAGE AQUA-LUNAIRE • À 20 000 lieues sous les pavés de Saint-Germain-des-Prés se situe le lieu le plus planant de Paris : le spa Clemens abrite cinq bassins logés sous de sublimes voûtes en pierre XVIIIe. Ici, vous pourrez vivre une expérience qui défie les lois de la gravité : le "massage aquatique". Dans une piscine chauffée à 34 °C et entourée de bougies, une praticienne nous cale des petits flotteurs derrière les jambes et nous demande de nous abandonner totalement, la tête posée au creux de ses bras, dans une confiance absolue. Puis elle bouge avec délicatesse nos épaules et nos pieds pour faire onduler notre corps sur l'eau en une chorégraphie gracieuse. Léger comme une plume, enveloppé d'eau chaude jusque dans les oreilles, n'entendant la douce musique diffusée dans la salle que de façon très lointaine, on revit en quelque sorte l'expérience fœtale. Il s'agit ainsi d'atteindre un état quasi méditatif et de perdre toute notion de la réalité... Le spa dispose également de trois bassins de flottaison (voir p. 99) dont un duo, et accueille des séances d'ostéopathie, d'hypnose, de sophrologie et de pilates dans l'eau.

Le Centre Tout Naturellement

83 bis, rue La Fayette, 9e • M° La-Fayette ou Poissonnière
Tél. 01 42 85 70 58

Ouvert du lundi au jeudi de 10h à 20h30,
vendredi et samedi de 10h à 19h, dimanche de 10h à 17h30
Séance de sauna 30 €, carnet de 11 séances 250 €, location de linge 5 €

lecentrenaturo.com

ROUTINE DE BEAUTÉ FINLANDAISE • Au fond d'une cour préservée de l'agitation, ce joli centre de naturopathie propose un rituel aussi relaxant qu'original. Quatre-vingt-dix minutes rythmées comme du papier à musique, pendant lesquelles on répète trois fois la routine suivante : dix minutes de sauna finlandais pour éliminer, une douche glacée pour se revigorer, et – le meilleur pour la fin ! – quinze minutes blotti sous une couette, dans une merveille de transat-lit, pour se détendre. Le tout dans le plus simple appareil, afin que le processus de régénération ne soit pas entravé. C'est ainsi, dit-on, que l'on trouve la clé de la détox et de la revitalisation ! Le centre offre un espace femmes et un espace hommes distincts, ainsi qu'une multitude de soins plus classiques parfaitement exécutés.

La Petite Maison de Thé

12, rue Bichat, 10e • M° Goncourt • Tél. 01 42 46 10 62

Ouvert tous les jours de 11h à 21h • Massage 1h (chinois, thaï ou réflexologie) 50 €, *happy hour* samedi et dimanche de 11h à 14h 40 €, forfait 5 messages 200 € (soit 40 € le massage) • Cabines duo disponibles

lewongmassages.com

ADORABLE SALON DE MASSAGE • Ce salon asiatique offre une parenthèse aussi poétique et dépaysante que son nom et, performance rare à Paris, parvient à conjuguer sublime décor, massages de grande qualité et tout petits prix. Dès l'antichambre, dans une lumière trouble filtrant à travers les lampions en tissu, on plonge dans l'ambiance mystérieuse et raffinée d'une maison de thé chinoise. Y voisinent exquis clichés en noir et blanc, lit à baldaquin en bois exotique, cage à oiseaux, plantes vertes et coussins chatoyants, rapportés par le maître des lieux de ses innombrables voyages en Extrême-Orient. Un dédale de pièces tapissées de soie conduit à un mémorable massage à l'huile, inspiré de diverses traditions orientales et exécuté avec poigne, doigté et technique. Pour aider ses invités à revenir en douceur de cette délicieuse évasion, l'hôte aime à leur offrir une tasse de thé dans son joli salon. Une adresse zéro défaut.

L'Oasis Meïso

51, boulevard de la Chapelle, 10e • M° Barbès-Rochechouart • Tél. 07 67 14 20 32

Ouvert tous les jours de 9h à minuit
Flottaison 65 € (tarif réduit à 49 € et abonnements)

meiso.fr

SORTIR DU MONDE • L'Oasis Meïso porte bien son nom. C'est un havre de sérénité dans l'agitation de Barbès, un lieu si singulier qu'il semble être un mirage. Et qui offre une expérience tellement envoûtante qu'on pense avoir perdu raison et repères : la flottaison. Celle-ci se pratique dans une "bulle sensorielle" créée par le silence, le noir absolu et un grand bain d'eau hypersalinisée portant le corps comme en apesanteur, sur une barbe à papa de sel. Elle prodigue tout à la fois sensation de retour aux sources, détente et apaisement intimes, et constitue en tout cas une expérience inédite extra-gravitationnelle, d'introspection, de lâcher-prise et de concentration sur soi. Loin des concurrents d'aspect clinique que l'on peut trouver ailleurs, ce spa aux airs de chalet balinais invite au bien-être dans tous ses détails, entre pontons, chats ronronnant sur les coussins, forêt de hamacs et mezzanines cosy. Un véritable bain de jouvence, une heure sur un nuage, pour un apaisement profond qui se ressent durant plusieurs jours.

6

Culture insolite

À des kilomètres des sentiers balisés, des lieux standardisés de la culture pour tous et des établissements élitistes pour quelques-uns, loin des grands musées de la capitale, découvrez des pépites culturelles pleines de poésie, de magie et de créativité. Audacieuses, authentiques, bucoliques, grandioses ou curieuses, elles offrent à leurs visiteurs des découvertes qui sortent vraiment de l'ordinaire.

Cercle suédois

242, rue de Rivoli, 1er • M° Concorde • Tél. 01 42 60 76 67

Soirées "Rivoli mercredi jazz" le mercredi de 18h à 23h, concert de 19h30 à 22h30
Entrée 15 €, verre de vin à partir de 5 €, plat à partir de 25 € • Si vous voulez une table dans le Grand Salon où se joue le concert, il est plus prudent de réserver

cercle-suedois.com

LES SOIRÉES DE L'AMBASSADEUR • Des fenêtres d'un appartement haussmannien, face aux Tuileries, s'échappent quelques notes de jazz. Au balcon, des gens discutent, un verre à la main, derrière trois grands drapeaux flottant au vent. Si ce n'est pas une soirée chez un ambassadeur, ça y ressemble. Nous sommes au Cercle suédois (et norvégien) de Paris, un lieu fréquenté par les expats, qui ouvre ses portes aux non-membres les mercredis soir pour des concerts de jazz. Ces soirées permettent de profiter d'un moment très privilégié dans des lieux sublimes, notamment le Grand Salon et le long balcon filant qui offre une vue imprenable sur la Concorde et le Louvre. Si les lieux ont de la majesté, l'ambiance n'est pas guindée pour autant. Au bar, trentenaires bien mis et quinquas distingués s'entretiennent avec animation en plusieurs langues, tandis que les plus mélomanes écoutent avec attention les *jazzmen* qui brillent sous les lustres. Ne manquent que les Ferrero Rocher...

Musée de la Chasse et de la Nature

62, rue des Archives, 3e • M° Rambuteau • Tél. 01 53 01 92 40

Ouvert du mardi au dimanche de 11h à 18h, nocturne mercredi de 18h à 21h30 (pas de nocturnes en juillet et août, téléphoner avant pour se renseigner)
Entrée plein tarif 10,50 €

chassenature.org

CABINET DE CURIOSITÉS GÉANT • Sis dans le Marais, au sein de deux hôtels particuliers XVIIe siècle, le musée de la Chasse et de la Nature est une adresse fabuleuse qui ne déparerait pas dans un film de Wes Anderson. Explorant l'évolution des rapports existant entre l'Homme et l'Animal, cette maison ouverte par un couple de fervents défenseurs de l'écologie est une sorte de cabinet de curiosités géant. Au fil des pièces, à mi-chemin entre maison de chasse et boudoir baroque, on découvre un étonnant mélange de trésors historiques et d'œuvres réalisées par des artistes contemporains. Le visiteur passe ainsi des trophées de taxidermie (absolument impressionnants !) à des créations modernes relevant de l'imaginaire pur. Une visite à ne pas manquer, même pour les non-amateurs de chasse !

Grande Mosquée de Paris

2 bis, place du Puits-de-l'Ermite, 5ᵉ • M° Place-Monge • Tél. 01 45 35 97 33

Visites tous les jours de 9h à 18h, sauf le vendredi et les jours de fêtes musulmanes (voir le calendrier des fêtes sur le site) • Entrée plein tarif 3 €, visites libres ou accompagnées d'un guide

la-mosquee.com/le-salon-de-the

ESCAPADE ORIENTALE • En plein Quartier latin, la plus ancienne mosquée d'Occident détonne avec son imposant minaret et son architecture hispano-mauresque s'inspirant de l'Alhambra de Grenade. Sa visite, ouverte à tous, promet un dépaysement complet. La découverte commence par le patio central, entouré d'arcades habillées de zelliges, magnifiques mosaïques islamiques, et abritant en son centre une fontaine autrefois réservée aux ablutions. Derrière l'imposante porte en bois ornée des versets du Coran, on admire de loin une salle de prière recouverte de tapis persans, avant d'arriver dans la "bibliothèque des mille corans". La visite s'achève dans le luxuriant "jardin des délices aux cinq palmiers", d'inspiration andalouse, planté de figuiers, grenadiers, glycines et autres espèces exotiques aux senteurs enivrantes. Pour profiter encore des lieux, prenez place au salon de thé, dans une salle évoquant *Les Mille et Une Nuits,* ou en terrasse, et dégustez un thé à la menthe et quelques cornes de gazelle.

Phonomuseum

53, boulevard Marguerite-de-Rochechouart, 9e • M° Pigalle ou Anvers
Tél. 06 80 61 59 37

Ouvert vendredi et dimanche de 10h à 18h et sur rendez-vous
Visites sonorisées 10 € plein tarif

phonomuseum.fr

LES MACHINES PARLANTES • Une révolution : c'est ce que représentait à l'époque, au milieu des années 1800, l'enregistrement du son. Et le phonographe s'est invité dans les logements privés avant l'électricité, la radio ou bien sûr la télé. Musique à tous les étages et symbole des révolutions de la production industrielle, la machine à chanter est une mine de prouesses techniques, de contes historiques et d'émerveillement esthétique. C'est tout cela qui se joue au musée du Phonographe, sur une partition racontée par des bénévoles passionnés et captivants, magnifiée par plus de 300 pièces de collection, toutes en parfait état de fonctionnement. Car la magie de l'enregistrement sonore se couple au spectaculaire des objets qui le diffuse : gramophones ou mange-disques en forme de pagode en bois, fleurs énormes, temples bouddhistes ou chromes et bronzes tout en finesse, quel ravissement !

Chinatown Belleville

27, rue Buisson-Saint-Louis, 10e • M° Belleville • Tél. 01 42 39 34 18

Ouvert lundi de midi à 23h, mardi et mercredi de midi à 14h, jeudi et dimanche de midi à 1h, vendredi et samedi de midi à 1h30

Facebook : @chinatownbellevilleparis

KARAOKÉ GÉANT • En apparence semblable à tant d'autres à Belleville, ce gigantesque restaurant chinois à la devanture clinquante abrite le plus grand karaoké de la capitale. Une salle sans fin qui ressemble à une reconstitution de palais chinois à Las Vegas, avec les lumières des stroboscopes qui se reflètent dans le marbre et les boules à facettes et d'énormes tables rondes garnies de plateaux tournants étalant leurs 400 couverts face à une scène centrale. Le tout donne une ambiance de salle des fêtes surexcitée qui libère et désinhibe, poussant le public, particulièrement mélangé, à donner le meilleur et le pire de lui-même. Il y a autant d'attente que de monde ; il est donc sage d'arriver très tôt pour avoir le privilège de se voir brailler *Sous le vent* de Céline Dion sur des dizaines d'écrans télé. Après avoir vécu ce moment de gloire, on regarde les autres, on cherche les stars habituées des lieux tout en dévorant des raviolis vapeur, et le temps passe ainsi bien agréablement.

Musée des Arts forains

Les Pavillons de Bercy • 53, avenue des Terroirs-de-France, 12e
M° Cour-Saint-Émilion • Tél. 01 43 40 16 22

Visites uniquement sur réservation (pas de visite libre)
Visite guidée 1h30 (adulte 18,80 €, enfant 12,80 €)

arts-forains.com

MANÈGES ENCHANTÉS • Attention mesdames et messieurs, le spectacle va commencer ! Pour retrouver l'excitation de l'arrivée des forains en ville, avec barnum, orchestre et flonflons, direction les anciens chais de Bercy, réhabilités en musée dédié à la fête foraine. Une visite intense, pleine de surprises, de plumes, de lumières, de musique, de personnages et de manèges baroques, nous introduit dans les coulisses du génie créatif de ces bateleurs d'antan. Précurseurs du marketing, ils maniaient déjà l'art du teaser, usant de statues géantes, de slogans intrigants et de promesses d'inédits pour attirer le chaland, rois de la satire aussi, mettant en scène des personnalités du moment sur les chamboule-tout, ou la course des garçons de café. Esprit de gaudriole, prouesses techniques et défis bon enfant, c'est toute la recette de l'amusement, pour les grands plutôt que pour les petits à l'origine, qui était réunie dans ces villages itinérants et que l'on retrouve avec bonheur dans ce lieu féerique, situé à Bercy Village.

Musée de Montmartre et jardins Renoir

12-14, rue Cortot, 18e • M° Lamarck-Caulaincourt ou Anvers

Musée ouvert tous les jours, sauf le mardi, de 10h à 18h
Billets plein tarif (visite libre) 14 €, visite guidée 20 €

Café Renoir ouvert du mardi au samedi, de 11h à 18h
Visite des jardins et accès au café Renoir 5 €

museedemontmartre.fr

LA VIE DE BOHÈME DANS LES VIGNES • Les attractions autour du Sacré-Cœur ont tendance à éclipser ce qui est pourtant l'un des lieux les plus charmants de Paris. Imaginez : en haut d'une rue pavée, la maison la plus ancienne de la Butte, renfermant une collection de peintures et de dessins contant la folle histoire montmartroise, son effervescence artistique et l'ambiance de ses cabarets. Cachés derrière cette bâtisse, trois grands jardins inspirés par la palette impressionniste de Renoir, qui y vécut et y créa, entre autres chefs-d'œuvre, son *Bal du moulin de la Galette*. Offrant une vue plongeante sur ce domaine fleuri depuis sa verrière, un atelier de peintres plus vrai que nature. Et alors que l'on croit l'apothéose atteinte avec le salon de thé, sa terrasse champêtre et sa véranda, l'ultime pépite apparaît en contrebas : le vignoble du clos Montmartre, où sont parfois organisées des dégustations !

Studio 28

10, rue Tholozé, 18e • M° Abbesses ou Blanche • Tél. 01 46 06 47 45

Horaires variables en fonction des séances, jardin (chauffé en hiver) et bar ouverts au public tous les jours de 15h à 22h
Entrée plein tarif 9,50 € (toutes réductions acceptées), carte abonnement 35 € (7 € la place) valable 3 mois

cinema-studio28.fr

TOILE RÉTRO • Le Studio 28, l'un des rares cinémas indépendants à faire encore de la résistance à Montmartre, a le don de transformer une banale soirée ciné en un retour dans les années trente. Façade rétroéclairée par un néon rouge, guichet de l'ouvreuse et couloir orné de photos en noir et blanc et d'empreintes des monuments du cinéma français, cet antre aux allures de cabaret transporte les visiteurs dans le Paris idéalisé d'*Amélie Poulain*, dont il fut l'un des lieux de tournage. La salle de projection, programmant à la fois des rétrospectives et des films à l'affiche dans les grandes salles, est incroyable. Un rideau de velours rouge recouvre théâtralement l'écran et deux immenses appliques "champignons" dessinées par Jean Cocteau plongent la salle dans une ambiance de conte de fées lorsque les lumières s'éteignent. Après la dernière séance, un minuscule jardin secret permet de prolonger la magie en trinquant sous les étoiles.

Au Lapin Agile

22, rue des Saules, 18ᵉ • M° Lamarck-Caulaincourt • Tél. 01 46 06 85 87

Ouvert mardi, jeudi, vendredi et samedi de 21h à 1h
Entrée spectacle : 35 € (une boisson incluse, pas de CB)

au-lapin-agile.com

L'ESPRIT DE LA BUTTE • Une maisonnette de campagne à la façade ocre et un lapin attablé qui regarde les passants se promener : ce décor de conte de fées abrite le doyen et l'un des derniers des cabarets de Montmartre. Pour le plus grand bonheur des touristes et des habitants de la Butte, le Lapin Agile ne s'est jamais éloigné de sa tradition historique : chansons, humour et poésie sont au menu de veillées mémorables, quatre soirs par semaine. Dans une pénombre quasi religieuse, artistes d'aujourd'hui perpétuent la mémoire des chansonniers d'hier, et Bruant ou Toulouse-Lautrec côtoient Barbara ou Boris Vian. Le patron reste chaque soir fidèle au poste et ne quitte son banc que pour à son tour pousser la ritournelle et boire un petit verre de vin blanc !

Index

INDEX ALPHABÉTIQUE

INDEX GÉOGRAPHIQUE

1er ARRONDISSEMENT

2e ARRONDISSEMENT

3e ARRONDISSEMENT

4e ARRONDISSEMENT

5e ARRONDISSEMENT

6e ARRONDISSEMENT

7e ARRONDISSEMENT

8e ARRONDISSEMENT

9e ARRONDISSEMENT

10e ARRONDISSEMENT

11e ARRONDISSEMENT

12e ARRONDISSEMENT

15e ARRONDISSEMENT

16e ARRONDISSEMENT

17e ARRONDISSEMENT

18e ARRONDISSEMENT

19e ARRONDISSEMENT

20e ARRONDISSEMENT

AUX PUCES DE SAINT-OUEN

Musée de Montmartre, 18^{e}

Bambou, 2e

Officine Universelle Buly, 3e

Crédits photographiques

Toutes les photographies sont © Maïlys et Bastien de Seze, © Shutterstock ou proviennent des établissements cités.

Autres mentions : © Aimery Nicot-Bérenger (20, rue Jules-Vallès, Puces de Saint-Ouen), © Aldo Paredes (Feuille de Chou), © Alexia Fassero (L'Oasis Meïso), © Antoine Besse (Café A, Le Drapeau de la Fidélité – Chez Quân), © Benoît Linero (Hôtel Providence), © Bérangère Lomont (Les Drapeaux de France), © Bonnie Elliott (Shakespeare & Company), © Bruno Ferri (La Cave de l'Os à Moelle), © Chloé Boccara (Le Quincampe), © Christian Sarramon (Herboristerie de la Place Clichy, Librairie Jousseaume), © David Grimbert (Le Pavillon de la Reine), © Diph Photography (Spa Clemens), © Émile Kirsch (Dandelion), © Hervé Mouyal (place Nathalie Lemel/Caffé Soprano), © Isabelle Kanako (Fruttini by MO®), © Jean-Michel Barri (Le Cinquante), © Jean-Pierre Delagarde (musée de Montmartre), © Jefferson Lellouche (Le Très Particulier), © Lionel Moreau (Le Comptoir Général), © Ludovic Balay (Hôtel Dame des Arts), © MaZe Samir (Club Salon Baba), © Nicolas Aneston (Hôtel des Grandes Écoles), © Nicolas Matheus (Rose Bakery au musée de la Vie romantique), © Simon Guillemin (le Bar à Bulles), © TCaron (Café Mulot à la Maison Victor Hugo).

Édition revue et corrigée en mars 2023.

Édition : Mathilde Kressmann
Relecture-correction : Marine Bastide, Cécile Rémy, Aude Gandiol et Coralie Manant
Direction artistique et couverture : Isabelle Chemin

ISBN : 978-2-37395-147-9
Dépôt légal : juin 2023
Achevé d'imprimer en UE en mai 2023

Bars, restos, salons de thé, instituts de beauté, lieux de culture, boutiques : le carnet parisien des adresses singulières

•

Comment mieux casser la routine qu'en partant à la découverte d'endroits insolites ? Paris recèle de véritables petits coins de campagne insoupçonnés, de pépites authentiques aux accents exotiques, de boutiques d'un autre temps et d'une pléiade de lieux magiques animés par des personnages hauts en couleurs. Explorez, soyez curieux ; vous voyagerez loin... à deux pas de chez vous !

PARIS & COMPAGNIE

Découvrir la ville autrement !

9,90 € FRANCE TTC
978-2-37395-147-9
PARIGRAMME.COM

9 782373 951479